はるかなるオクラホマ

――ネイティブアメリカン・カイオワ族の物語りと生活――

高橋順一

はる書房

はじめに

本書は、今日「ネイティブアメリカン」と総称される北米大陸先住民族のひとつであるカイオワ族の今日の生活と、彼らが折にふれて語る物語を紹介するやや個人的な民族誌的エッセイである。

カイオワ族は、現在オクラホマ州南西部のアナダルコとカーネギーを中心に約四五〇〇人ほどが住んでいる。オクラホマは、かつてインディアン・テリトリーと呼ばれ、全米各地から移住や定住を強制されたインディアン諸部族の保留地が集中する、まさに「インディアンの土地」であった。しかし、一世紀ほど前に増加しつつあった白人開拓者の強い圧力に屈した米国政府は、オクラホマのインディアン保留地をすべて「開放」し、分割・私有化させることにした。この政策はインディアンの土地所有者も作り出したが、同時に開拓民の急激な流入を招いた。その結果、かつてのインディアンの土地は、現在ではインディアン、ヨーロッパ系の白人、アフリカ系黒人、それに少数のアジア系人が混住する雑居の地となっている。

カイオワはその出自が謎に包まれた民族である。古い文献に残っている記録から、彼らは一七世紀末ごろにはオクラホマから北に数百マイルも離れたモンタナ州イエローストーン川源流付近に住んでいたことが知られているが、それ以前の歴史についてはほとんどわかっていない。

彼らの民族的出自が明らかでないように、彼らの言語の歴史的系統も長い間謎だった。カイオワ語は、他に類を見ない独自の特徴を多くそなえており、周辺のどの言語ともはっきりとした同族関係を打ち立てられない孤立語であると考えられていた。しかしやっと最近になって、タノ語族との間に遠い類縁関係があることが言語学者の間に認められるようになった。すなわちカイオワ語とタノ系諸語は、かつて同一の言語であったというのである。ただし、ニューメキシコ州のリオグランデ川流域に住むプエブロ農耕民であるタノ諸部族と北方の狩猟民であったカイオワ族との間にどのような歴史的関係があったのかは、全く謎のままである。

かつて私はこの謎に包まれたカイオワ族の言語と文化を研究するために、オクラホマの地を訪ねたことがあった。当時、私はニューヨークの大学院で文化人類学を学ぶ学生だった。最初のフィールドワークのためにオクラホマに行ったのは、もう二〇年ほど前になる。その後私は合わせて三回のフィールド調査を行い、多くのカイオワと出会い、多くの予期せぬ出来事に遭遇し、様々な心のふれ合いを経て、たくさんのことを学んだ。本書に記すのはその時の物語である。

カイオワの詩人スコット・ママディーは、『レイニマウンテンへの道』（晶文社）と題する著作の中で、カイオワたちの語る伝説神話と、歴史家たちの語る史的事実と、彼自身の幼少の想い出（自らの限られたカイオワ体験）という三層の「物語」を巧みに組み合わせて独自の美しい世界を描き上げた。カイオワの出自を持ちながらオクラホマから遠く離れて育ったママディーにとって、カイオワ文化はある意味で「異文化」だったのである。だから、三層の物語をひとつに織り重ねることによってのみ、彼自身のカイオワ像を豊かに作り上げることが可能だったのであろう。

私がカイオワについて書くということもママディーの場合と似たところがある。確かに私はカイオ

アガサ

ルースと著者

ワの生れではないが、フィールドにおける参与という形で、幸運にもカイオワたちと生活をともにする経験を得た。したがって、私のカイオワに関する知識の源泉も、①カイオワたちの語る物語と、②先行研究者たちが書き残した文献と、③カイオワたちとの日常の生活体験の、三つが存在することになる。だから私の語る物語も、ママディーの物語のように、三つの源泉から得られた様々な小物語を幾層にも重ね合い、絡み合わせ、繋がり合わせて作り上げたものである。

物語を始める前に、本書を書く基となった私のオクラホマ体験を可能にしてくれた多くの人々に感謝の言葉を述べなければならない。そのうちの何人かは、今では既に故人となっている。

まず、私にカイオワ語の手ほどきをしてくれ、たくさんの物語を語ってくれたアガサ・ベイツに対し心より感謝と敬愛の言葉を捧げたい。言語に対する彼女の類いまれな優れた洞察力が、予想もしなかったほど深く素晴らしい世界に私を案内してくれた。本書中に紹介するカイオワの民話は、すべて彼女が私のために語ってくれたものである。* 幾世代ものカイオワが口から口へと語り伝えた物語が、彼女によって受け継がれ、そして私を通して日本語に翻訳され、多くの日本人読者の心に訴えるようになるということは、カイオワを研究した民族学者としてこの上ない喜びである。

またアガサの家族たち（優しい夫と三人の息子と一人の娘、それにアガサの兄弟姉妹たち）のことも忘れるわけにはいかない。私は、彼らとの交わりを通じてインディアンの家族というものを知った。

それから、私に住む家を提供してくれたフィルと母親ルース。オクラホマでは、フィルは私にとって兄弟であり、ルースは母であった。さらに、フィルの叔父で神出鬼没の不思議な男マンフレッドとその家族。優しくつつましやかな人格者で、多くのすばらしい子の母であり祖母でもあったアイリーンとその姉ガートレ。そしてスタンブリングベアー一家。私は、彼らの導きで南部平原インディアンの世界に入ることができた。また彼らの存在ゆえに、私のオクラホマ滞在は楽しい想い出となって今も私の心に生き続けている。その意味では、本書は彼らが種を播いて育てた果実なのである。

さらに、筆者がニューヨーク市立大学で教えを受けた、ジョン・ビーティー、エドワード・ベンディクス、エリナー・リーコック、サリー・マクレンドン、テレンス・ランゲンドンの諸先生の名も挙げておく必要がある。彼らが授けてくれた教育がなければ、私は、オクラホマに行くことはもちろん、カイオワの文化と言語が持っている豊かな世界の存在に気づくこともなかったことだろう。この場を借りて感謝の気持ちを表したいと思う。

最後に、この本がこのような素晴らしい形で世に出ることを可能にしてくれた、はる書房に謝意を表したい。本書の元となった原稿は、もう何年も前に完成していたのだが、厳しい出版不況の中、ネイティブアメリカンという日本ではあまり注目されてこなかった少数民族に関する本の出版を引き受けてくれる会社は、簡単には見つからなかった。何度も断られた後、しばらく眠ったままになっていた原稿に目を通し、その価値を認めて出版までこぎつけてくださった佐久間章仁さんには、いくら感謝しても足りないと感じている。心よりお礼を述べたい。アホウッ（ありがとう）！

＊　本書に収録したカイオワの物語は、すべてアガサ・ベイツによってカイオワ語と英語で語られたものを著者が日本語に訳したものである。

はるかなるオクラホマ

◆目次◆

序章　オクラホマへの道

オノンダーガ保留地の原風景

米国での生活を始めてから一年ほど経ったある夏の日のこと、私は、人類学者のビーティー教授のお供をしてニューヨーク州北方にあるオノンダーガ・インディアン保留地を訪ねた。ニューヨーク市のブルックリン区にある家を出て、美しい田園風景の中を走ること数時間、我々の車は夕刻近くに保留地の中にある小さな町に入った。外を歩く人々の様子がそれまで通過してきた田舎町とは一変した。それは文字通りインディアンの町であった。イロコイ族に特徴的な面長の筋の通った鷲鼻の顔が印象的だった。

オノンダーガの部族事務所で事務的打ち合わせを済ませた後、我々は保留地の中を少し見て回ることにした。そこで芝生の広場で車を停めて、外に出てみた。時刻は既に午後八時を過ぎていた。しかしサマータイムのため、空はまだ明るかった。その明るさが広場を照らす小さな照明灯の光とつり合って、昼とも夜ともつかない不思議な雰囲気をかもし出していた。

広場では、インディアンの少年たちがソフトボールの練習をしていた。コーチの青年がバットを持ってノックをする。少年たちは黙々とボールを追う。バックネットの脇では、少年たちの家族らしい女性や子供たちが数人並んで練習を見守っていた。大人の男性も二、三人来て見ていた。その場の雰囲気は、アメリカのグランドで見る野球の練習風景とは全く異なっていた。それは実にのどかな風景だった。また、自分が子供の頃にどこかで見たことがあるような、なつかしい風景だった。私は、日本から一万キロ以上もはなれたアメリカ合衆国にいながら、一瞬故郷に戻ったような錯覚を覚えた。

その時の印象は、なぜか私の脳裏に強く焼き付いた。ニューヨークに帰ってからも、私はしばしばオノンダーガ保留地のことを思い出した。もし日本人の祖先とインディアンの祖先が同一だった時代があったとしたら、それは少なくとも一万年以上前のことである。我々は長大な時間によって隔てられている。それにもかかわらず、我々の間に非常に近いと感じられるものがあるのはなぜだろうか。そのことを私は何度も考えてみた。

そんなわけで、後にビーティー教授から「学位論文のテーマとしてカイオワ語の研究をしてみないか」と言われた時、私は、迷わずその提案に応じた。すぐに文献を集め、そのすべてに何度も目を通した。確かに、それまでにカイオワ語に関してわかっていたことはあまり多くなかった。また、いかにも英語のバイアスの下に分析されていると思われる点もいくつかあった。私は、カイオワ語研究では日本人の自分に貢献できる部分があると直感した。

フィールドへの旅立ち

オノンダーガの光景から四年経ったある夏の夕方、私は、ニューヨークのバスターミナルからグレイハウンドのバスに乗った。ポケットの中には、バスのチケットと、七〇〇ドルほどの現金が入っていた。それは、当時の私の全財産に等しい金額だった。大学院の学生とはいえ米国の大学では、どこかの財団から研究助成金をもらってからフィールドに出るのが普通なのだが、財政事情の悪くなっていた当時の米国では、外国人留学生のアメリカンインディアン研究に金を出してくれるような基金を見つけるのは困難だった。そこで、いつもらえるかわからない助成金を待っているよりも、まずは一度自分自身の力でオクラホマに行き、ひと夏をインディアンたちと過ごしてみようと考えた。そんなわけで、多少の無理は承知でこの旅を企てたのであった。

肩に担いだ大きなキャンバス袋の中には、衣類をはじめ生活道具一式が詰め込まれていた。小さな鞄には、記録用のノートと、一ダースほどの黒ボールペン、小型カセットテープレコーダー、それにカメラが入っていた。現地で出会ったインディアンへの贈り物用にローアーイーストサイドのユダヤ人の店で安く仕入れた絹のスカーフは、皺にならないよう丁寧に折りたたんで、袋の一番上に入れておいた。これが、私にとって最初のフィールドワークの持ち物のすべてだった。

グレイハウンドバス

バスは、ほぼ満員の客を乗せて走り出した。ハドソン川を渡りニュージャージー州を西に進むうちに陽は暮れた。闇の中をバスは走り続け、旅の興奮で眠れぬままうとうとしているうちに夜が明けた。翌朝、バスはピッツバーグに着いた。大勢の客がそこで降り、車内にはかなり空席ができた。周囲を見回してみると、乗客には黒人が多かった。特に大きな手荷物を持った女性の姿が目についた。服装はみな質素であり、貧しい階層の人たちであることが一目でわかった。

バスは、町と町の間はハイウエーを走るが、市街に入るとハイウエーからはずれて一般道を走る。それは人々の生活道路でもある。バスの窓からは人々の住む家や芝生の庭で遊んでいる子供たち、ポーチの前に座って涼をとっている老人たちの姿が、手に取るように見えた。バスが停留所に停まると、一人二人と乗客が降りる。また、我々のバスに乗ってくる客も何人かいる。こうして、バスは少しずつ乗客を替えながら、西に向かって走り続ける。ほとんどが、近・中距離の旅客である。私のようにニューヨークからオクラホマまで乗り続ける長距離客はごく少ない。

大都市のバス駅に着くと、長時間の停車をする。乗客は車外に出て背を伸ばす。夕方の食事時になると、人々はターミナルの食堂に入ってハンバーガーやサンドイッチの食事をとる。金を節約したい人は、バスの座席に座ったまま一杯二五セントのコーヒーをすすり、塩味のクラッカーをかじる。

広大な北米大陸では、いくら走っても車窓の景色はほとんど変わりがないように見える。中西部の平凡な田園風景は、まる一日続いた。そのかわり車内の乗客の話す英語の訛りは少しずつ変わっていく。出発した時には車内に響きかえっていたリズムの速いニューヨークの英語は、ペンシルバニアではいつの間にかおだやかな中西部風の英語に変わり、さらにミズーリに入る頃には鼻音が特徴的な南部訛りの英語に変わっていた。もちろんすべてに黒人アクセントがついている。

私は、ニューヨークを発つ前に二人のインディアンの名前を紹介されていた。一人は、M・アンキューという女性で、弟とともにオクラホマ州東部にあるタルサでインディアン向けの新聞を発行している。もう一人は、アナダルコに住むE・スタンブリングベアーである。私は、アンキューさんに会ってアドバイスをもらうために、タルサでバスを降りた。三日目の朝だった。

タルサの〝コニーアイランド〟

タルサは美しい町だった。オフィス街では、白人のビジネスマンが忙しそうに歩いていた。昼近くになってやっと電話連絡がとれ、アンキューさんが車で迎えにきてくれた。彼女は小柄だがいかにも精力的という感じの中年の女性だった。ニューヨークのアメリカン・インディアン・コミュニティー・ハウスの所長であるマイク（セネカ族）から私のことを聞いていると言い、私を旧知のように迎えてくれた。

彼女は、私を彼女の編集オフィスに案内し、自分の発行している新聞やアナダルコに住んでいる親族たちのことを話してくれた。私も彼女に自分の計画を話した。彼女は、カイオワ語は非常に難しくカイオワの若者たちでさえ容易に習得できないこと、また私に言葉を教えてくれる人はそう簡単には見つからないかもしれないというようなことを言った。しかし、焦らずに時間をかければうまくいくだろうと激励してくれた。彼女の弟も脇に座っていて軽く相槌を打っていたが、ほとんど口をきかなかった。

しばらく話をした後、アンキューさんは「コニーアイランド」を食べようといって、近くの店に連れていってくれた。コニーアイランドとはニューヨークにある有名なリゾート海岸（現在はスラム化している）の名前だが、それと同じ名前の食べ物とは一体何のことだろうかと、興味津々後をついていった。

店に入ってみると何のことはない、それはホットドッグのことだった。ただし味付けは、チリソースのかかったテキサス・メキシカン風であった。たしかに、コニーアイランドに行くと大きなホットドッグ店があり、浜の名物として売っている。この西部の町では、コニーアイランドという地名がそのまま食べ物の名前になっていたのである。私はそのことを言ってみたが、アンキューさんは本当のコニーアイランドを知らなかった。

ホットドッグの昼食をすませると、彼女はまた車でバス駅まで送ってくれた。私は、アンキューさんにお礼を言い、オクラホマシティー行きのグレイハウンドに乗った。オクラホマシティーでバスを乗り継ぎ、アナダルコへ向かうためである。

オクラホマシティー

タルサを出ると周囲の風景は急に緑を失い、乾いた茶色っぽい色が目立つようになる。あたりは草原が多くなり、樹木の生えているのはほとんど池や川の周辺だけに限られるようになる。昔インディアンたちが馬にまたがって自由に駆けめぐっていた大平原が、ゆるやかな起伏とともに私の目の前に広がっていた。ただし、その広大な土地も今ではすべて分割・私有化され、鉄条網をはったフェンスで人工的に区切られている。所々に「NO TRESPASSING（立入禁止）」と書かれた看板が立てられていた。

オクラホマシティーの少々荒廃した地区にあるバス駅に着くと、タルサではそれほど目につかなかったインディアンの姿が急に目立つようになった。バス駅の外には、たくさんのインディアンの男たちがいた。彼らはみな酩酊状態だった。中には泥酔して、道端に倒れ込んでいる者もいた。彼らの顔や髪は垢と埃でひどく汚れていた。暑くよどんだ空気の中に、排泄物と嘔吐物の臭いが充満していた。アル中のたむろしている光景は、ニューヨークのボウェリー街で見慣れてはいたが、いきなり目に飛び込んできたインディアン世界の現実に、私の心は少し動揺した。

通りを歩いてみると、道端の老人から何度も「Son, Could you spare me a dollar?（息子よ、一ドル分けてもらえまいか）」と声をかけられた。ニューヨークで同じように声をかけられても、異人種の人間の表情やまなざしに対して私の心はほとんど反応することはないのに、インディアンの顔を見ると、あたかも自分の同胞と対面しているかのように親しみの気持ちが湧いてくる。彼らも私をインディアンの一人だと思っていたのかもしれない。私の顔を見る彼らの目は、心なしか穏やかに安心しているように見えた。私は、ポケットから皺になった一ドル札を取り出して彼らに与えた。老人たちは、うれしそうに私に礼を言うとまた酒店に入っていった。

とうとうオクラホマに来たのだと、私はその時思った。これから何が起きるのだろうか、インディアンたちは私を受け容れてくれるだろうか、カイオワ語の研究はうまくいくだろうか、などと考えながらベンチに座り、私は一日に二本しか走らないアナダルコ行きのバスを待った。

第2章

沈黙の儀式で迎えられる

ニューヨークを出発してバスを乗り継いで既に五〇時間余り、三日目の夕刻に、私はやっと「インディアン世界の首都」と呼ばれるアナダルコに着いた。バス駅といっても、それらしき建物は何もなく、ただ古ぼけた標識だけが立っている。そこでバスを降りたのは私一人だけであった。周囲に人影は何もない。陽はすでに西の空に沈みかけ、あたりには夕闇が迫っていた。

静かな出会い

バスを降りて公衆電話を探し、ビーティー教授から紹介されていたスタンブリングベアー氏に電話をかけた。埃っぽい道端でしばらく待っていると、インディアンの運転するボロ車がやってきた。スタンブリングベアーだった。彼は静かに、後ろに乗れと言った。彼の古い塗装の剝げた（しかし乾燥した気候のため錆はない）キャデラックの助手席には妻が、後ろの座席には二人の子供が座っていた。みな好奇の眼を私に向けていたが、一言も口をきかなかった。

彼の家は古びた小さな借家で、薄暗い部屋の中は細かい砂塵のにおいが充満していた。そこに彼とコマンチの妻と、五人の子供が住んでいた。シャワーはなかった。他にも刑務所と全寮制のインディアン学校に入っている二人の息子があり、七人の母親がすべて異なっているということは後で知った。静かな人々だった。初めの一、二時間は、ほとんど言葉を交わすことがなかった。みな黙って旧式の小さな白黒テレビを見ていた。南部平原のインディアンは、初対面の場では口をきかないのが普通なのだ。挨拶さえ行われない。私は、その後多数のインディアンと知り合うことになったが、たいていの場合我々の関係は沈黙から始まった。できるだけ早く親しくなろうと急いでもむだだ。一緒にいながら直接言葉を交わさないという「沈黙の儀式」を経て、はじめて心のふれ合いが始まるのである。

夜もだいぶふけた頃、スタンブリングベアーは私を車で別の家に連れて行ってくれた。フィルの家だった。スタンブリングベアーの叔母がフィルの母親と親しかったので、私の世話を頼んでくれたのである。スタンブリングベアーと戸口で二言三言ことばを交わした後、フィルは静かに私を招き入れてくれた。こうしてフィルの家が私の住家になったのである。

沈黙の儀式

インディアンの文化では、初対面の者に対する沈黙は、相手に対する無関心や敵意の表れだとは考えられていない。また、その場に気まずい雰囲気を作り出してしまうということもない。初対面同士は言葉を控えることがむしろ礼儀なのである。しかし共通の友人がその場にいる場合は、事情がやや異なる。初対面同士は口をきかなくとも共通の友人とは自由に話せるので、その場の会話はこの友人の仲介で滑らかに進行し得るのである。ただし、その間も初対面の二人は直接言葉を交わすことを控える。このような沈黙は、数時間から数回の出会いを重ねる間も維持される。

沈黙を極端に嫌い初対面の時から親しく言葉を交わすことに慣れているアメリカ人にとって、このインディアンの沈黙は全く耐え難いことだろう。ほとんどの白人が、これを冷酷な性格と異民族に対する敵意の表れだと解釈する。不幸な誤解である。

インディアンの文化では、初対面の者に対してあまりにじょう舌で親しげな態度をとるのは、傲慢さと狡猾さの表れであると解釈される。実際、初対面の場面で進んで自己紹介をし、相手の手を握ったり肩を叩いたりするアグレッシブな態度は、「白人のようだ」と批判と軽蔑を伴って評される。そのような態度は、何か良からぬ魂胆を持っている証拠だとみなされるのである。

「インディアンは、知り合うのに時間がかかるが、一度知り合ったら本当の友人になる」のであり、「白人はたくさんしゃべるが、インディアンは真っ直ぐに（正直に）しゃべる」というのが、インディアンたちの見方である。したがって、初対面の際には、沈黙を守ることが相手に敬意を払い自らの誠実さを示す最善の方法なのである。

沈黙という行為が必ずしもコミュニケーションの拒否や敵意を意味するのではないということは、私もそれまでの人生経験からある程度分かっているつもりであった。しかし、それが初対面の人に対する挨拶までも控えるという形で表れるのは、私の予想をはるかに越えていた。私は、自分が異文化の世界に足を踏み入れたことを強く感じた。

ウエスタン・アパッチの沈黙

沈黙の儀式には少々戸惑ったが、私にとってそれは決して居心地の悪いものではなかった。それどころか一種の懐かしささえ感じられた。その理由のひとつには、日本では沈黙が必ずしも否定的にとらえられてはいないということがあったのだろう。特に農村部では、昔は見知らぬ人に対してはあまり口をきかないのが普通だった。沈黙は、時に慎みの表現であり、時に熟慮している証拠だとみなされる。決して否定的には受けとられない。

もうひとつの理由としては、それ以前に読んでいた言語人類学者キース・バッソーのある論文の影響があった。バッソーは、「言葉を捨てる―ウエスタン・アパッチ文化における沈黙」と題された論文で沈黙のもつ社会心理的機能について興味深い考察を行っている。彼によれば、ウエスタン・アパッチの社会では、社会的出会いの場面において沈黙（特定個人に対して一定期間発話を控えること）

は次のような六つの場合に現れるという。

(1)　見知らぬ人と会った時
(2)　知り合ったばかりの恋人同士がいっしょにいる時
(3)　遠くの学校に行っている子供が帰省した時
(4)　酒に酔った者あるいは興奮した者がわめき散らしている時
(5)　深い悲しみにひたっている人といっしょの時
(6)　病気治癒のための祈禱が行われている時

ここにはひとつの共通の条件が含まれている。それは出会いの主体と相手との間の地位・役割関係が不明瞭だということである。例えば、初対面の相手については、その親族関係や地位がよく分からず役割関係が明瞭でない。同様に、知り合ったばかりの恋人同士も、まだお互いをよく理解できず何を期待し合ったら良いのか定かでない。また、長い間親元を離れて全寮制のインディアン学校に入っていた子供は、成長や外部文化への同化の結果として大きく変わっていることがある。それだけに、両親にとっては、ひさしぶりで帰省した子供は未知の者なのである。さらに、泥酔している者や激しい感情におそわれている者は、通常の精神状態ではないという点で、やはり未知の領域にいる者であり、病気治癒のための祈禱を受けている人もまた、超自然的な力と接触しているという点で、未知の領域にいる者なのである。

バッソーは、このような観察から沈黙は社会的出会いにおける地位・役割関係の不明瞭さに条件づけられた反応であると結論し、同様の現象はアパッチ文化のみに限らず他の文化においても広く存在しているであろうと予測した。

インディアン世界への通過儀礼

バッソーの予測した通り、同様の現象はオクラホマにおいても見られた。南部平原インディアンたちの初対面の出会いにおける沈黙は、バッソーの描くウエスタン・アパッチの沈黙と実によく似ているのである。もっとも、私はその事実にすぐに気が付いたというわけではなかった。同じような場面に何度も繰り返し遭遇して、徐々にそのような印象を持つようになってきたというのが正しい。それだけに、最初は多少のためらいを感じながらの仮説的判断であった。しかし、時とともに確信が強くなってきたのである。

ともあれ、それは私にとって記念すべき最初の発見であった。その後、私は異文化世界のシンボリズムの発見という謎解きゲームのような仕事に熱中し、飽きることなくカイオワたちのシンボルと意味の世界に入り込んで行った。それは数年後にカイオワ語の意味論的研究という学位論文として実を結ぶことになる。沈黙の儀式は、私にとって文字通りインディアン世界に入るための最初の重要な通過儀礼だったのである。

「車の中で待つ」という儀式

さらにフィールド生活を積み重ねるとともに、沈黙と類似したパターンを持った儀礼的行動が他にもあるということに、私は気がついた。そのひとつは、インディアンが車で他人の家を訪問する時によく見られるものであった。

南部平原のインディアンは、他人の家を訪問する時、特にそれがあまりよく識らない者であったり、旧知であっても長い間会ってなく疎遠となっている間柄であったりする場合、次のような行動をとる。まず目指す相手の家の前までたどり着くと、訪問者は、家から見える場所に車を停める。しかし彼は、すぐに車から出て扉を叩くことはせずに、そのまましばらく車の中にとどまっている。その際、警笛を鳴らしたり手を振ったりして、家の人に合図をするようなことはしない。ただじっと静かにしているのである。家の人もまた、当然外に来ている訪問者の存在に気がつくのであるが、すぐに戸口に出るようなことはしない。彼もまた家の中でじっと静かにしているのである。

このような静かな待ちの状態が数分続いた後、家の人はやおら動き出して扉を開け、訪問者は車から出て戸口に向かう。そして両者のやりとりがやっと始まるのである。読者は、おそらくこの車の中で待つという行為が初対面の場面における沈黙に酷似していることに気づかれたであろう。

意味を表す記号行動として分析してみると、この二つの行動は同じ構造を持っていることがわかる。まず「沈黙」であるが、これは当事者間の社会関係が大きく変化する時点に現れる。つまり「未知」

（まだ知り合っていない）と「既知」（知り合いになっている）という対照的な二つの状態の中間に位置しているのである。ここで沈黙は二つの記号的側面を持っている。ひとつは、言葉を交わし合わないということ。これは出会いの当事者同士が未知の間柄であることを示している。もうひとつは、共にその出会いの場に参加しているということである。すなわちお互いが言葉を交わし合うことこそしないが、その場で進行している相互作用には参加しているのである。このことは、両者が既に全く知らない間柄ではなくなっていることを示している。つまり、この沈黙はそれ以前の状態（未知）とそれ以後の状態（既知）の二つの相対立する状態の特徴の両方を象徴的に兼ねそなえた、両義的な記号なのである。

訪問時に車の中で待つことも沈黙と同じ構造を持っている。この行動は、「出会っている」と「出会っていない」という二つの対照的な状態の中間に位置している。訪問する者とされる者は、まだ実際に対面していないという点では出会っていないが、お互いの姿を確認しているという点では既に出会っているのである。それゆえに、出会っていると出会っていないという両方の特徴を兼ねそなえた両義的な記号だといえるのである。このように、初対面の沈黙と車の中で待つことは、記号的には同一の構造を持っているのである。このことに気づいた時、私は、それまで予想もしていなかった南部平原インディアン文化の象徴領域に触れたと感じた。

あいまいな別れ

南部平原インディアンの文化においては、出会いの始まりが不明瞭であったように、その終わり（すなわち別れ）もまた意図的に不明瞭にされているように見える。

カイオワたちの間では、はっきりと別れを告げずに集まりの場を去ることは、特に珍しいことではない。例えば、社交的な集まりから抜けて帰る時、あるいは家族、友人との団らんの場から寝室にひきさがる時など、同席の者に特に別れを告げずに黙ってその場から消え去って行くことはよく見られることであり、そのような慣習になじみのない非インディアンを驚かせる。ここでもまたカイオワ文化は、別れの挨拶（例えば「さようなら」と言う）を明確にし、切れ目をはっきりさせる西洋文化や日本文化とは著しい対照を示している。

旅立ちの際でも、カイオワは出発の時点をはっきりさせないことがよくある。例えば、ある男は、突然母親の家にやって来て、「北の方へ旅に出たくなったので近いうちに出発するかもしれない、だからこれからしばらく姿を見なかったとしても心配しないように」というような主旨のことを母親に告げた。具体的にいつ、どこへ向かい、いつ帰って来る予定かというようなことは一切明確にしていない。それに対して母親も、「オートバイの運転に気をつけるよう」に言っただけで具体的なことは何も尋ねなかったのである。これにはその場にいた私も驚いた。

またある男は、遠方からインディアンの友人が訪ねてきたことを私に話してくれた。この友人は数日彼の家に滞在した後、いつの間にかいなくなった。彼の知らないうちに黙って（すなわち明瞭な形で別れを告げないで）去って行ったのである。彼は、このことに対して腹を立てるどころか、非常に満足していた。

別れもまた出会いと同じように、人々の社会関係上大きな変化をもたらし得る行為である。別れとは、特定の個人と「一緒にいる」状態から「一緒にいない」状態へと、関係が変化することである。我々日本人が日常行う別れの挨拶は、別れの時点を象徴的に明確にして、社会的関係性の切れ目をはっきりさせるという機能を持っている。これに対してカイオワのあいまいな別れは、この変化点を不明瞭にする。すなわち、実際に去る時点とそれが事実的に確認される時点とを意図的にずらしてしまうことによって、「一緒にいる」と「一緒にいない」という二つの相対立する状態の間に、「一緒だが一緒でない」という両義的な中間段階を作り出しているのである。沈黙と同一の記号的構造がここにも見られる。

どのような社会においても、出会いは、当事者間の社会関係を変化させるゆえに、多くの未知の要素や不確実な要素を含んでいる。それだけに人々の心に緊張を生じさせやすい。個々の文化はそのような緊張をできるだけ和らげ、そこに生ずる摩擦を最小限に抑えるために、独自の象徴的手段（すなわち儀式化された行動）を利用する。

たとえばアメリカ文化では、一足飛びに新しい関係を象徴するような行動を示すという方法をとる。初対面の相手に対してもすぐにファーストネーム（親密さの象徴）で呼び合うという慣習などは、その典型的な表れである。また日本文化では、精緻に形式化された挨拶という儀礼的行動によって社会関係の変化点たる出会いや別れを相互に確認し合い、心を安定させるという方法が一般に用いられている。

それに対して南部平原のカイワ文化においては、初対面の場での沈黙に典型的に見られるような両義的な性格を持った中間段階を意図的に設定することによって、関係の急激な変化を回避し、緊張と摩擦の発生を抑止しているのではないかと考えられる。この事実の発見は、私にとってまさにカルチャーショックと呼ぶのにふさわしい体験であった。

インディアンの時間

我々は、本来区切りのない連続体である時間を、文化によって人為的に区切って生活しているというのは、人類学者エドワード・ホールの主張である。自らの文化世界の中だけで生活している時は、この時間の区切りの人為性をそれほど感じることはないが、異文化の世界と接したとき、我々はその事実に直面する。現代の日本人も、アングロサクソンに負けず劣らず、時間をかなり細かく几帳面に分割して利用している。そして、分割された時間の境界は明瞭である。それに対して南部平原のインディアンの時間観念は、我々のものとは明らかに異なっており、彼らの時間の区切り方も我々とは違う。

南部平原のインディアンには「インディアン・タイム」と呼ばれる有名な悪癖がある。インディアン・タイムとは、インディアンがいつも予定の時間に遅れることを皮肉った言葉である。インディアン自身この事実を認めているのだが、一向に改まる様子はない。

私の滞在中に開催されたベトナム従軍者のパウワウ（踊りを中心とした集まり）は、長老支配的傾向の強いインディアン社会における比較的若い世代の政治力の主張として政治的に大きな意味を持った出来事であった。そのために、早くから部族の人々の注目を浴びていた。このパウワウは午後二時に開始されると前もって告示されていたのであるが、実際に二時前に会場に現れていたのは、ローカル・テレビの取材班（白人）とバスケットボールに興じる子供たちだけであった。実際にインディアンがみな集まり、パウワウが本当に始まったのは、それから二時間以上も経ってからであった。このようなことは、インディアン社会ではよく見られる。

インディアンの時間観念に関しては、他にも驚かされることがよくあった。アナダルコに着いて一週間ほど過ぎたある日の午後、通りを歩いていると、ジーンと彼の妻が車でやってきて自分たちの家まで来ないかという。ジーンはスタンプリングベアーの従兄弟であり、陸軍に勤めていた。その前に一度顔を合わせてはいたが、実際に言葉を交わしたのはそれが初めてだった。急な誘いだったので、私は一瞬判断に迷った。しかし陽はまだ西の空に高く残っており、その日は特に用がなかったので、私はいっしょに行くことにした。

その時は知らなかったのだが、ジーンの家は、実は四〇マイルも離れたロートンにあった。そのことを知ったのは、車に乗って三〇分も走り続けた後だった。軍の基地内にある彼の家に着いた時には、周囲は少し薄暗くなっていた。それから二日間私はアナダルコに戻れなかった。以来、私は鞄の中にいつでも外泊できる準備をしておくことにした。

ある土曜日の朝、バーディナがやってきて彼女の家族といっしょに朝飯を食べないかと言う。時計を見ると七時前であった。週末の朝としては少し早いなと思いながらも、私はいっしょに車に乗った。ところが、彼女はアナダルコを出て隣り町のグレースモントの方に引き返す。グレースモントで食事をするのかと尋ねると、食事の前に祖母の様子を見に寄るのだという。祖母の家に着くと彼女は老婆と話し始めた。それほど緊急の用とも思えない会話がしばらく続き、やっと我々は車に乗ってアナダルコに戻った。

アナダルコに戻っても、すぐにはレストランに向かわない。一軒の店に寄るのである。そこで主人と社交的会話を交わし、若干の品物を渡して、たまたまその場に居合わせた知人とお喋りをするうちに、三〇分は優に経った。店を出ると、次に車は彼女の義母の家に向かった。そこでまた義母とのお喋りが始まった。ちなみにその家は、私が泊まっていた家からほんの三〇〇メートルほどのところにあったのである。こんなことならなぜ私の所に最初に来たのかと思いながら二人の会話にしばらく耳を傾けていた。ともあれ彼女らのお喋りは無事終わり、そこで新たに二人ほど積み込んで満員になった車は再び出発した。

車がやっとレストランにたどり着いた時には、時計は既に一〇時をまわっていた。大勢の客で賑わうハイウエー脇のレストランで、我々はたっぷり時間をかけてたくさんの朝食を食べた。その時の大きなオムレツと山盛りのポテトの味は、今でもよく覚えている。それにしても、レストランに着くまでの三時間の旅は、一体どう考えればよいのだろうか。

文化の中の変わらぬ部分

インディアンの時間の観念にはずいぶん驚かされたが、一度慣れてしまえばそれほど悪いものではない。人生の楽しみは必ずしも目的地に着くこと自体ではなく、そこに着くまでに（あるいは着かないまでも）歩く一刻一刻の中にあるのだと考えれば、道草を罪悪視して効率のみを追求することが強迫症的にさえ見えてくる。しかし、反対にそのような時間的環境に慣れ親しんで育った人々にとっては、時間を細かく厳密に区切って効率的に使う資本主義社会に適応していくのは簡単なことではない、ということも容易に理解できる。

多くのインディアンの若者が、厳しい規律や自己管理の要求に耐え切れずに大学教育から脱落し、多くの青年が九時から五時までの単調な勤めを毎日続けていくことに困難を感じている。そのような彼らに対して、白人社会が貼りつけるレッテルは「怠け者」である。ここに不幸な偏見とステレオタイプのもうひとつの発生源がある。

今日の南部平原インディアンは、もはや弓矢を手に馬に跨って大平原を駆け回るバファロー・ハンターたちではない。彼らは白人と同じ洋服を着て、中古のキャデラックやフォードのピックアップ・トラックを乗り回し、皮張りのテントではなく屋根と床のある木造の家に住んでいる。そして彼らの日常食は、ハンバーガーとコカコーラが圧倒的に多い。そのために、彼らは伝統文化を失い西洋文明に同化されたものと見なされがちである。しかし私が実際に接してみたインディアンたちは、白人（ヨーロッパ系アメリカ人）とは非常に異なる面を多く保持していた。

その違いは、衣食住等の外面的な部分ではなく、感性や価値観あるいは人間関係のあり方といった目に見えない部分にかなり大きい。この違いはそう簡単に気づかれるものではなく、またたとえ気づかれたとしても容易に乗り越えられるものでもない。それがまたインディアンと白人との関係を困難なものにしている。オクラホマでの生活を通じて私はそのことを強く感じた。

第3章　昔は犬が言葉を喋っていた

ハリウッド映画で描かれるインディアンといえば、頭に羽根飾りをつけ鞍をつけない裸馬にまたがって鉄砲片手に奇声をあげながら荒野を疾走するという姿が定型となっている。「ネイティブアメリカン」（「インディアン」と言うよりも〝政治的に正しい〟とされている）の視点に立って製作したという『ダンス・ウィズ・ザ・ウォルブズ』でさえ、その点では変わりがなかった。映画によって形作られる我々の想像世界の中で、インディアンと馬は切っても切れない関係にある。インディアン自身でさえそう信じており、馬のない時代など考えることもできない。ところが実際には、馬は鉄砲と同様にヨーロッパ人によって新大陸に持ち込まれたものなのである。インディアンと馬とのつき合いは五〇〇〇年にも満たない。インディアンにとって本当に古い友達は、実は馬ではなく犬なのである。

犬は荷物を運ぶ動物だった

馬がまだいなかった頃、インディアンたちにとって最も重要な家畜は犬であった。当時はロッキー山脈東側の山林地帯に住む狩猟民であったカイオワも、犬を連れて徒歩で旅をしていた。犬はインディアンにとって重要な運搬手段であった。犬には、その背中に直接荷物をくくりつけて運ばせることもあった。また、両肩に二本の長い棒をくくりつけて後ろに引かせ、その間に皮のシートを張って、その上に荷物を乗せることもあった。頑強なアメリカ犬は、その荷物の重みに耐えながら、人々といっしょに歩き続けた。犬はまた食料が完全に尽きてしまった時には、緊急の非常食の役割も果たした。カイオワにとって犬はなくてはならない頼もしい相棒であった。

しかし馬が入ってきてからは、馬が犬の代わりをするようになった。犬よりもはるかに体格の大きな馬は犬の何倍もの荷物を運ぶことができ、人間を乗せて風のように疾走することもできる。犬は人間に仕える動物の主役の座から降りることになった。それとともに、かつては犬を指していた「ツェイン」（家畜あるいはペットというような意味）という言葉もいつの間にか馬を指すのに使われるようになり、犬を意味するためには「ツェイン・ヒーン」（本来の家畜）というように、わざわざ馬ではないことを断らなければならなくなってしまった。同じ現象は他の多くのインディアン言語でも見られる。その馬でさえ、今では主役の地位を機械の馬（自動車）に奪われてしまった。しかし犬に対するカイオワの愛着は、今も変わらず続いている。

「白人」という名の犬

私がアナダルコに着いてから数日後、町はずれに住んでいるマンフレッドという中年の男がやってきた。彼は、私の泊まっていた家の主人であるフィルの叔父であった。カイオワ語ではオジとオイは同じ言葉である。そこで、二人はお互を「セギー」と呼び合っていた。

マンフレッドは白い短毛の大きな犬を連れていた。彼は、その犬にタインボウ（白い奴）という名前をつけ、「こいつは白人だ」と言って笑っていた。タインボウには奇妙な習性があった。それは、白人を見ると吠えるというものである。それが生まれつきのものか、それとも彼によってしつけられたものか、私は知らない。

マンフレッドは、タインボウが日本人を見て吠えるかどうか試すのだと言って、タインボウを呼んだ。小型トラックの荷台から飛び降りたタインボウは、ゆっくり私の方に向かって歩いてきた。見るからに獰猛そうで醜い顔をした野性的な雄犬だった。全身に大きなダニがついていた。その場にいた人たちは、みな興味津々見守っていた。タインボウは私のところへ来ると、鼻を近づけクンクンと臭いをかいだ。そしてみんなが息を飲んだ瞬間、彼は面白くもないとでもいうように顔をそむけて去ってしまったのである。こうして日本人もインディアンであることが証明された。

後に、私はマンフレッドに「タインボウは本当に白人を見ると吠えるのか」と念を押してみた。私はまだその現場を見たことがない。「まあ見てろ」。マンフレッドは、タインボウを自分のトラックの荷台に乗せると、田舎のハイウエーを走り出した。しばらく行くと反対側から一台のトラックがやってきた。赤ら顔の白人男が二人、窓から腕を突き出して運転しているのが見えた。そして、その車がちょうど我々の車とすれ違った瞬間、果たして荷台のタインボウは大きな声でワンと吠えた。マンフレッドはニヤッと笑った。

アナダルコ滞在中、実は、私は犬にはしばしば悩まされた。インフォーマント（聞き取り調査に応じてくれる協力者）の家を探して歩き回っていると、怪しげな侵入者を見つけた犬が吠えるのである。宅地の広いオクラホマのこと、犬はたいてい放し飼いにされていた。それにどの犬も例外なく大きく、タインボウのように日本人と白人を正確に識別する能力は持ち合わせていない。

アメリカの犬はみなよくしつけられていると言う人もいる。しかし、それは都市や近郊のミドルクラスの住宅地に限ってのことだ。スラム街や田舎町に行ったら話は別である。私は、時に犬に追いかけられて走って逃げたり、ナイフを振り回して追い払ったりしたこともある。だから、オクラホマで最も苦労したことは何かと聞かれたら、迷わず「犬だ」と答えるだろう。

犬が言葉を喋っていた頃

カイオワの世界では、昔は犬が人間と同じ言葉を喋っていたという。しかし、犬のおしゃべりがあまりにうるさかったので、ついに腹を立てたセンディ（トリクスター）によって言葉を取り上げられてしまい、彼らが吠えても唸っても、人間にはその意味が分からないようになってしまった。そのために、今では犬が人間と話すには目と尻尾を使わなければならないのだという。カイオワは、昔話をする時に「むかし、むかし、犬が言葉を喋っていた頃の大むかし……」と始める。でも実は、犬はその後も人間を助けるために言葉を喋ったことがあったのだ。次の民話は、そのことを伝えている。

☼昔は犬が言葉を喋っていたという話

　昔は犬が言葉を喋っていた。犬はとてもおしゃべりで、四六時中、のべつまくなしに喋っていた。宿営地の中をあちこち歩き回り、いつもペチャクチャおしゃべりをしていた。それどころか、人間に対してもしょっちゅう話しかけてくるのであった。それはそれは本当にうるさくてたまらないほどであった。人々は、ほとほとうんざりして、

「お前たちはおしゃべりが過ぎる。もう少し静かにしてくれないか」

と注意してみたが、さっぱり効き目はなかった。犬たちは全くおしゃべりをやめようとしなかったのである。ついに族長が腹をたてて言った。

「喋るのをやめないと、お前たちをみな殺しにしてしまうぞ」

　族長の脅しには、犬たちも従わざるをえなかった。

「わかりました。もう二度と喋らないようにしましょう。私たちは、あなた方人間を守るためにいるのです。私たち犬は人間よりも先に敏感に危険を察知して、それを知らせるのが役目なのですが、うるさいから喋るなとおっしゃるのなら、二度と喋らないようにいたしましょう」

　そう言うと、ぴたりとおしゃべりをやめてしまったのである。………

　ある時、ひとつの家族が他の人々と離れた所で宿営していた。そこは山の中で、大きな岩がごろごろころがっていて、その間に乾いた木がまばらに生えているような場所だった。一人の男と子供

たちと、老婆がいっしょにティピ（平原インディアンのテント）を張っていた。老婆は一匹の小さな犬を飼っていた。その犬には何匹かの子犬がいた。

この小さな犬は、いつものようにティピの外に出て周囲を探索して回っていた。そして山の上の方に登っていった時、犬は、そこに数人の男たちがいることに気がついた。彼らは、ひそかに宿営地の様子を窺っていた。ティピの中には火がともされていたので、遠くからでもそこに家族が宿営していることがよくわかったのである。犬は、聞き耳を立てて男たちの会話に集中した。男たちはその晩家族がみな寝静まったところで襲って皆殺しにしてしまおうと、相談している。

犬は急いでその場を逃げ出すと、自分のティピまで戻った。そして、子犬たちのところへ行くと、その体をなめ始めた。なめながら、しきりに悲しそうな声でクンクンと鳴いていた。男は、その犬の様子を黙って見守っていた。犬は子犬をなめてはティピの入口の所に行き、外を見る。そしてまた子犬の所へもどってきて、悲しそうな声をあげて子犬をなめる。それを何度も何度もくり返した。男は何か様子がおかしいと感づいた。

「どうしたのだ」

男は、犬に向かって尋ねた。

「どうしたのだ。お前がそんなふうにしているのは、何か理由があるにちがいない。言ってくれ。確かに、私たち人間はお前たち犬に対してもう二度と喋るなと命じたが、今回だけはどうか喋ってくれ。お前は何かを知っている。それが何であるのか、どうか教えてくれ」

しかし、犬はただ尻尾を振りながら男を見つめているだけだった。そこで、男はさらに続けて言った。

「もし私たちに危険が降りかかっているなら、お前の子供たちにもやはり危険が降りかかっているということなのだ」

するとと、犬はついに口を開いた。

「わかりました。私たちは、あなた方人間に言われた通り、もう二度と喋らないと約束しました。しかし、私の子供たちに危険が迫っている以上、言わなければならないでしょう。実は山の中に敵が潜んでいるのです。そして、あなた方を殺そうとしています。さっき山の方に行った時に聞いたのです」

「やはりそうだったのか」

と、男はつぶやいた。

「しかし、一体どうすればよいのだろうか。お前はかしこい動物だからどうしたらよいのか知っているだろう。どうか教えてくれ。私たちはお前の言う通りにしよう」

そこで、犬はこう言った。

「まず、火をどんどん焚いてください。そして、私は外に出て吠えていますから、その間に私の子犬たちを連れて、ここを抜け出して遠くに逃げてください。私はここに残って、みんながティピの中に残っているように見せかけます。私はここに残って、みんながティピの中に残っているように見せかけます。私はずっと吠えています。そして、あなた方が安全な場所までたどり着いたと思った時、私もここから逃げ出します」

男は、その小さな犬に向かって
「くれぐれも気をつけるように。お前の子供たちはお前を必要としているのだから」

と言うと、心から感謝した。

そこで、男は急いで子犬を集めると袋の中に入れた。次に自分の子供たちを集め、荷物をまとめると、密かに敵とは反対の方角にティピを抜け出した。薪をたくさんくべておいたので、火は赤々と燃えている。犬は外に出てしきりに吠え立てる。その間に、人々は山を下りて安全な場所までたどり着くことができた。

しばらくして、火もついに燃え尽きた時、敵はティピを襲撃した。しかし、そこはすでにもぬけのからであった。てっきり人が眠っているものと思いこんでいた敵は、地団駄ふんでくやしがった。そして、ティピも何もかもみな焼き払ってしまった。犬は隙を見てすばやくその場を逃げ出すと、山のふもとを目指して走り去って行った。

このように、犬が誓いを破って言葉を喋ったことにより人間の命が救われたのである。

＊

保留地を失ったオクラホマのインディアンたちは、今ではほとんど馬を持っていない。そこで、古い友人が戻ってきたように、犬がまた人間にとって重要なペットになった。タインボウがもし言葉を喋れたら、今日のインディアンの状況をどう評するだろうか。

第4章

カイオワの信仰世界

カイオワの神話的起源

すべての民族には起源があり、しばしばその起源を伝える物語が神話として人々の間に長く語り伝えられている。カイオワもそのような物語を持っている。

カイオワが語り伝える神話によると、彼らの祖先は超自然的な創造主の命によりコットンウッド(和名ハヒロハコヤナギ)の木の洞《ほこら》から生まれたという。創造主の合図に従って、一人ずつ順番に木の洞からこの世界に出てきた。しかし、一人の妊婦の番になった時、その膨らんだ腹が出口につかえて動けなくなってしまい、それ以上はもう誰も外に出られなくなってしまった。それゆえにカイオワ族は人数が少ないのだという。

事実、カイオワは歴史的にその人数が一五〇〇人を越えることはなかったと考えられている。これは、北米先住民の一部族の人口としては最小ではないが、決して大きな数でもない。この人口規模が、彼らが直面した幾多の困難の原因であり、また超自然的な力の加護を必要とした理由でもある。弱小民族のカイオワを助け彼らに様々な知識と諸物をもたらしてくれた最大の英雄は、太陽と地上の女の間に生まれた双子少年（ザイデ・タリ）と、センディという名のトリクスターであった。特に前者はカイオワが太陽を最大の信仰の対象と崇める大きな根拠となっている。この双子少年の出現をめぐる物語は次のように語られている。

☼双子少年の誕生

ある族長に娘がいた。族長は、その娘をたいそう可愛がり、外に出て土の上を歩くことさえ禁じていたほどだった。その娘が遊ぶ時は必ず他の子に命じて世話をさせた。妻に対しても、娘に万一のことがないよう十分気をつけるようにと、いつも口うるさく言っていた。

ある日のこと、子供たちが遊んでいる所に一本の木があった。その木には小鳥がとまっていた。それはとても美しい小鳥だった。娘は、その小鳥が欲しくなった。そこで子供たちに言った。

「私をあの木にのせて。私はあの小鳥をつかまえたいの」

小鳥は、低い枝の上でピョンピョンと跳ねていた。そこで子供たちは娘をその木にのせた。彼女は枝に腰掛けながら小鳥を見つめ、言葉をかけはじめた。小鳥は彼女のすぐそばまできた。しかし、彼女がつかもうと手を伸ばすと、小鳥はピョンと少しだけ跳んで彼女から逃げた。彼女は面白がって笑った。そして、もう一度手を伸ばした。小鳥はまたピョンと跳んだ。そのうちに彼女は小鳥の後を追いはじめた。じきに小鳥は、すぐ上の枝に飛び移った。彼女もその後を追う。しかし、彼女が手を伸ばしてつかもうとするたびに、小鳥はピョンと跳ねて次の枝に飛び移った。

いつの間にか娘は一つの枝から次の枝へと、どんどん高く登っていた。小鳥は相変わらず娘の指先が届きそうになると、ピョンと跳ねて上に登る。娘は笑いながら小鳥に話しかけ、木を登り続ける。下で心配そうに見守っていた子供たちは大声で呼びはじめた。

「はやく降りてきなさい。それ以上高く登ってはいけません」

しかし、娘は言うことを聞かない。

「私は、あの小鳥をつかまえるの。つかまえたら降りるわ」

そうしている間に、木は少しずつ天に向かって伸びはじめた。彼女が上に登るたびに、木はどんどん高くなり、ついに地上の子供たちからは娘の姿が見えなくなってしまった。彼らは大声で叫んだが、娘の耳には入らなかった。彼女は小鳥に夢中になっていたのだ。

ふと気がついて彼女は下を見た。しかし、下には雲のほかは何も見えなかった。彼女は怖くなった。子供たちの名前を呼んでみたが、返事は何もなかった。彼女は怖くて降りられなくなった。あの小鳥はまだ木の上にいる。仕方なく彼女は登り続けた。

気がつくと地面があった。平らな地面だった。木は生長を止め、小鳥は目の前にいた。そこで彼女は小鳥をつかまえ、木から降りた。彼女は自分の足で地面に立った。それまで土の上を歩くことを許されなかった彼女が、はじめて地面を歩き始めたのである。彼女は周囲を見回してみた。しかし、そこは見たこともない場所だった。そこにはティピがたった一つあるだけだった。突然、小鳥が彼女の手から飛び出し、地面に舞い降りた。するとその小鳥は大きくなり、一人の男になった。そして言った。

「私がお前を妻にするために地上から連れてきたのだ。これからは私の妻として、ここで暮らすのだ」

彼女は、いま来た道を戻りたいと思った。しかしあの木は既に消えており、もはや地上に戻ることは不可能だった。

彼女は、その男（実は太陽）といっしょに暮らすことになった。そして、いつか男の赤ん坊を生んだ。

夫は毎朝仕事に出かけ、日没まで帰らなかった。彼は、家を出る時にはいつも妻に向かってこう言った。

「お前が木の実や草の根の採集に出かけた時にも、バファローに芽を食われたアツォンの根だけは引き抜いてはならない」

なぜ夫がそう言うのか、彼女にはその理由が分からなかった。

ある日、彼女は赤ん坊と一緒に外出した。彼女は今回こそその理由を確かめてみようと思っていた。そこで彼女は、先端をバファローに食いちぎられているアツォンを見つけると、思いっきり引っ張ってみた。すると、アツォンの根は抜け、その後に大きな穴があいた。彼女がその穴の中を覗き込んでみると、はるか彼方に地上の世界が見えた。

「あれが私の故郷だわ。私のお父さんもお母さんも、部族の仲間たちもみんなあそこにいる。それなのに、私だけがこんな高いところに……」

彼女は急に地上に帰りたくなった。彼女は引き抜いたアツォンを元に埋め戻して穴を隠した。彼女は自分が秘密を知ったことを夫に知られたくなかったのだ。

その晩、彼女は夫にバファローを仕留めた時には長い腱《けん》をとっておいてくれるように頼んだ。彼は妻がそれを何にするのかと不思議に思った。

「それを糸にして、あなたと赤ちゃんのためにモカシン（鹿皮で作るインディアンの靴）や服を作るのです」

と、彼女は答えた。それにしても、なんとたくさんの糸を使うのだろうか。ティピの中に山ほどのバファローの腱が集まった。彼女は、それをせっせと柔らかくした。

そしてある日、もう十分だと、彼女は思った。夫は一日中外出し、家に残っているのは彼女一人だった。他に人間は誰もいない。そこで、彼女は腱を互いに結び始めた。腱を使った長いロープができた。彼女は、ロープをあの穴から下に垂らし、それを伝って下りるつもりだったのである。

彼女は前と同じ場所に行ってアツォンを引き抜くと、穴からロープを下ろしてみた。狙い通りロープの先端は地面に着き、ほんのわずかだけたるみができた。

「これだけあれば、私たちが下りるのに十分だわ」

彼女は、そう考えた。

翌日、彼女は夫が家を出るのを待ち、同じ場所に戻った。そこで彼女はロープの一端で自分と赤ん坊を結び、もう一端を木に結びつけた。そして、空から飛び降りた。しかし、彼女の体は地面には届かなかった。彼女は、木と自分の身体に結びつけた分だけロープが短くなることを計算に入れてなかったのである。そのために、彼女の足は地面に届かず、彼女は赤ん坊といっしょに宙づりになってしまった。あたりに人影はなかった。そこは彼女の村からはるか遠く離れた場所だったのである。彼女は宙づりになったままでいた。

そのうち夫が戻ってきた。彼は妻が家にいないのに気づいた。山のようにあったバファローの腱もなくなっている。彼は何が起きたのかすぐに理解した。

「あいつはバファローの腱で綱を作っていたんだ」

彼は表に跳び出して、妻を探しはじめた。そして、あの穴を見つけた。下を覗いてみると、妻と赤ん坊が宙づりになっているのが見えた。彼は腹を立てた。そして、大きな丸い石を持ってくると、その石に呪文をかけた。

「この綱を伝って落ちていけ。そして赤ん坊をよけてあの女の頭にぶつかって、女を打ち殺せ」

彼は石を放した。言われたように石はロープを伝って落下し、赤ん坊のところで跳ねてよけると、女の頭にぶつかった。それを見届けると、男は木に結ばれていたロープをほどき、彼女と赤ん坊を地上に落とした。男がなぜそのまま赤ん坊を引き上げなかったのか、誰も知らない。

女は死んで地上に横たわっていた。そのそばで小さな男の子が歩き回っていた。昼には母のまわりで遊び、夜には母と添い寝した。翌日、子供は周囲を探索し始めた。その近くには蜘蛛《くも》女が住んでいた。蜘蛛女は畑を持っており、毎日畑に出かけて作物の世話をしていた。その日、彼女は畑から帰ってくると、炉の周りに小さな足跡を見つけた。男の子が彼女の小屋に入り込んだのである。

「なんでかわいい足跡でしょう。小さな子供が私の家に来たのだわ。あなたはどこに隠れているの」

彼女は喜んだ。

翌日、蜘蛛女は皿の上に食べ物をおいて外出した。帰ってみると食べ物はなくなっていた。あの子がまた来て食べたらしい。彼女は、それが男の子か女の子か知りたくなった。そこで、人形と弓矢を作って床に置いて仕事に出かけた。帰ってみると、人形は残っていたが、弓矢はなくなっていた。それで男の子だということが分かった。

蜘蛛女はその男の子を一目見たくてたまらなくなった。そこで、表に出ると周囲を探しはじめた。そして、ついに母親といっしょに寝ている小さな男の子を見つけた。母親は死んでいた。

蜘蛛女は子供を恐がらせてはいけないと思った。そこで、様々なものに姿を変えて家に隠れてみたのだが、男の子は人の気配を感じるとすぐに逃げてしまい、家の中に入ろうとしない。彼女は、あれこれ工夫をして、やっと子供を家の中に引き込むことに成功した。彼女が抱き上げようとすると、男の子は髪をひっぱって抵抗したが、そのうちにやっとおとなしくなった。そして、蜘蛛女の家でいっしょに暮らすことになった。

男の子はどんどん成長した。蜘蛛女は、毎日その子に歌を歌って聞かせてやった。ある日、男の子は輪が欲しいと言い出した。そこで彼女は輪を作って子供に与えた。

「でも、これを空に向かって投げることだけはしてはいけないよ」

彼女は、男の子に注意した。

ある日のこと、蜘蛛女は仕事に出かけた。男の子は一人で遊んでいた。

「おばあさんはなぜ、この輪を空に向かって投げてはいけないと言ったのだろう」

彼は不思議に思った。そして、思いきってその輪を空に向かって投げてみた。輪は空高く飛び上がってまた下に落ちてきた。そして男の子の頭に命中すると、男の子をまっ二つに割ってしまった。

「おばあさんが言っていたのはこのことなんだ。僕が二人になってしまったぞ」

二人の男の子は喜んでいっしょに遊びはじめた。家に帰った蜘蛛女は二人になった子供を見て、ため息をついた。

「だから言ったじゃないの。これで私の苦労も二倍になってしまったわ」

でも彼女は前と変わらず二人の男の子を可愛がった。

太陽の子である双子少年（ザイデ・タリ）は、このようにして生まれた。この双子少年は不思議な呪術力を有し、様々の冒険をして人間を脅かす怪物を退治する。この少年こそがカイオワにとって最大の守護となるのである。

偉大なトリクスター

カイオワが信奉するもう一人の英雄は、今も人々に語り伝えられ敬愛されているトリクスター（道化）センディである。インディアンのSF作家ラッセル・ベイツはセンディのことを「インディアンのジェリー・ルイスだ」と評していたが、英雄でありトリクスターでもある両義的なキャラクターは多くの北米インディアン神話に登場し、部族によって異なる名前で呼ばれている。カイオワではセンディがその名なのである。

カイオワたちの想像するセンディは、背が高くてやせっぽち、ひょろ長い手足をしている。そのくせ腹だけは突き出ている。顔は赤ら顔で、口には薄いドジョウヒゲがたれている。その性格は善良だが、自制の力を欠き、いつも失敗ばかりしている。また、人並み外れた食いしん坊で欲張りでもあり、他人が持っているものは何でも欲しがってみな独り占めしようとする。しかし同時に機転がよく利き、とっさに相手をだます抜け目のなさも備えている。

そのコミカルな容貌と性格から、とても英雄には見えないセンディであるが、彼がなしえたことは偉大である。例えば、太陽を手に入れて闇の中にあった人間の世界に昼と夜の区別を作り、白いカラスが地下に隠していたバファローを解放して、飢えに苦しむインディアンたちを助けた。センディなしではカイオワは、とてもこの厳しい世界で生き残ることはできなかっただろう。さらに、人を噛む鋭い歯を持っていた鹿の歯を石で磨いて短くしたり、白いカラスを煙で燻して黒くしたり、山猫の毛に泥で斑点をつけたりして、動物界に今見るような秩序を与えたのもまたセンディである。

カイオワは、たくさんのセンディ物語を持っており、それを子供たちに話して聞かせてきた。「センディが見ているよ」と言うだけで、いたずらっ子の行儀がよくなったという。自分たちはセンディが作った世界に生きているのだと、カイオワは考えている。

センディは多くの冒険と成功と失敗を重ね、ついにインディアンの世界が完成した時、友人たちに別れを告げ、天に帰って星となった。センディの星は夏には東の空の地平線近くに見ることができる。センディは空に自分の星が見える間は自分の物語を語ってはいけないと人々に言い残した。それ故に、センディ物語は冬にのみ語られる冬物語なのである。しかし私は、そのことを知らずに、人々に無理やり頼んで多くのセンディ物語を夏に聞いてしまった。

カイオワの伝統的信仰

伝統的という言葉は、インディアンに関する限り「ヨーロッパ文化と接触した時点の」ということを意味するのだが、伝統的なカイオワの信仰の中には唯一の絶対神というものは存在しなかった。カイオワにとっては、万物に神力（超自然的な力）が宿っており、その意味ではこの世のすべてが信仰の対象となり得るものであった。カイオワは、一人一人が自分自身の守護神力と、その力が宿る御神体（カイオワ語では「ドイ」、英語ではふつう「メディスン」と呼ばれる物）を持つ。人々は、しばしば自分だけの守護神力を探し求めて、一人で山や渓谷を遡り、孤独な苦行を積む。個人の苦行が厳しければ厳しいほど、強力な神力に遭遇する可能性があると、彼らは考える。カイオワの宗教的信仰は、基本的には非人格的な神力の信仰に基づくきわめて個人的なものなのである。

部族の中でも人並みはずれて強力な神力を持ち、超自然的な力の感得と操作の能力に長けている者は呪医として尊敬を集め、時に畏れられてもいる。呪医は病気の治療はもちろん、様々の願望達成や未来の予知に力を発揮すると考えられている。今日でも呪医はインディアンの諸儀礼には欠かせない存在であり、西洋医では治癒できない難病をかかえた患者とその家族にとって最後の拠り所となっている。

カイオワにはまた、部族規模の広がりをもった信仰もある。それは太陽を崇拝の対象とするものであり、太陽の子（双子少年）を表す御神体（タイメと呼ばれる）は部族にとって最も重要な物であった。その御神体は皮の袋に包まれ、世襲の指定保管人によって大切に保管されており、特定の儀礼の場以外で決して人の眼に曝されることはなかった。太陽の昇る方角である東は、カイオワ（および多くの平原インディアン）にとって最も神聖な方角であり、儀礼場の入口もティピの出入口もすべて東側に作られた。

かつてカイオワは、毎年太陽が最も天高くなる夏至頃になると部族全体が一箇所に集まり、偉大な太陽のために「太陽の踊り（サンダンス）」と呼ばれる儀礼を捧げた。太陽の踊りは、部族にとって最大の祭礼であり、互いに独立した六つのバンドに分かれているカイオワをひとつの共同体に結束させる力の源泉でもあった。

太陽に対する信仰のためか、「陽の出ずる国」から来た私に対するカイオワたちの反応は好意的だった。滞在中に、私は「ジャパンは本当に太陽の昇るところにある国か」という質問を何度も受けた。きまぐれな日付変更線の位置のために、日本は世界で最も早く朝日の昇る国になっている。お陰で、私は「陽の出」を意味するカイオワ語の名前をつけてもらった。その名前は、残念ながら呪術的な理由でここに開示するわけにはいかない。

カイオワの伝統的信仰は、このように極端に個人的な要素と、シャーマニズム的な要素と、さらに太陽の踊りに見られるような共同体的な要素の三つを併せ持つ複雑なものなのである。

ペヨテの道

今日のカイオワ社会では伝統的な信仰とともに、ペヨテというサボテンの実を噛みながら夜を徹して小集団で詠唱し、瞑想する「ネイティブ・アメリカン・チャーチ」の信仰も多くの信奉者を集めている。「ペヨテの道」とも呼ばれるこの宗教は、一九世紀にメキシコから伝わってきた比較的新しい信仰形態であり、儀礼用のティピの中で集会がもたれること、神聖なペヨテの実と水を口にすることが重要な意味を持つこと、さらに、夜を徹して詠唱し、瞑想すること、といった諸点でキリスト教の聖体拝受の影響を受けているらしいことが推察される。これは外来のキリスト教に対する土着主義的な反応のひとつだと考えられている。

原則としてネイティブ・アメリカン・チャーチに加盟するのは、成人の（本当の大人と認められた）男性のみであり、若者や子供の参加は許されない。また女性の役割も、儀礼が執り行われるティピの外で待機して、適切な時機を見計らって水や食物（夜明けに食する肉汁）を供するといった周辺的なものに限られている。

幻覚作用を持つペヨテの実（ペヨテ・ボタンと呼ばれる）は一部の白人にとって神秘の果実とみなされ、多くの者が、その入手に夢中になる。かつてはヒッピーが、また最近では一部のニュー・エイジ宗教の信奉者たちがその典型である。しかし、インディアンにとっては「ペヨテの道」に対する信仰を持たない者がなぜペヨテの実を欲しがるのか不思議なことであり、ペヨテを求めて近づいてくる白人たちを冷やかな眼で見ている。確かに、ペヨテの実はネイティブ・アメリカン・チャーチの儀礼の中で重要な役割を果たすが、それ自体は単なる植物である。インディアンは、きわめてカジュアルな態度でペヨテを取り扱う。あるインディアンがこんなことを言っていた。

野生のペヨテを手に入れるためにオクラホマのインディアンは北メキシコに行く。目指すサボテンの群生地に着くと、みな一斉にペヨテの実を探し始める。その際には、昔からの決まりに従って、最初にペヨテの実を見つけた者がその場でその実を食べなければならないことになっている。しかし、生のペヨテの苦い実を好んで食べたいと思う者は誰もいない。そこで彼らは、わざと視野の中心部ではなく、ぼんやりとした周辺部でペヨテを探し、なんとなく大きそうな感じがするものは意図的に見ないようにすると言う。だから、最初に見つかる実は決まって小さな実なのである。

キリスト教の宣教

保留地に押し込められ定住生活を余儀なくされるとともに、カイオワに対するキリスト教の布教活動が始まった。白人の宣教師がやってきて、インディアンを集めて説教をした。英語で行う説教をカイオワの言葉に通訳するのは、白人の学校で教育を受けたインディアンの助手であった。説教のある日には多くのインディアンが集会所に集まったという。ただし、彼らの目あては信仰ではなく、説教が終わってから配られる牛乳とビスケットにあったようだ。「おお、その味の甘くておいしかったこと……」。老人たちは、生唾を飲み込みながら昔のことを思い出す。

初期の宣教師たちの努力にもかかわらず、キリスト教は容易には受け容れられなかった。米国政府との条約交渉に通訳として貢献したあるカイオワの若者は後にキリスト教神学の教育を受け宣教師として保留地に赴任した。しかし、同胞からは裏切り者と非難され、ほどなく死んでしまった。カイオワの呪術師が彼に呪術をかけたためだと伝えられている。

今日キリスト教はかなり広まり、その実践や慣行の多くがあたりまえのこととしてインディアンたちに受け容れられている。しかし、同時に、伝統的な呪術信仰もまた根強く生きている。キリスト教とペヨテ信仰と伝統的な呪術信仰、この三つの信仰が併存しているのが、この百年間変わらない平原インディアンの宗教形態なのである。

インディアン呪術が狂わせたある学者の人生

伝統的なインディアン呪術の威力を示す出来事は近年にもあった。ある時、カイオワ・アパッチにとって重要な御神体を保管する役割を担っていた老人が死んだ。指定保管人を失った御神体を誰が引き取るか、重大な問題となった。強大な呪術力を持つと信じられている危険な御神体の適切な取り扱い方を知る者がいなかったのである。議論をくり返したあげく、その保管はオクラホマ大学の人類学者に託されることになった。彼は、この危険きわまりない物体を「無謀」にも自宅に保管していた。

それから彼の人生の歯車が少しずつ狂い出した。まず、最初に夫婦の仲が悪くなった。夫婦関係は悪化の一途をたどり、ついに妻は彼を見捨てて家を出た。一人残された彼は徐々に酒に浸るようになり、いつの間にか完全なアルコール依存症になってしまった。職場における彼の評判は急落した。そしてある日、大学の仕事も辞し、家も捨てて、人類学者はどこかに去ってしまった。その後の彼の消息は誰も知らない。インディアンたちは、それはみなあの御神体のせいだと噂している。

今日、先住民の権利が尊重されるようになり、これまで博物館等の公共機関に保管されていた呪術用具や埋葬物等、インディアンの伝統信仰の中で聖性を持つものが部族に返還されるようになっている。しかし、そのすべてがインディアンたちによって無条件に歓迎されるわけではない。超自然的な力を宿した物体は、その適切な取り扱い方を知らない限り危険きわまりない物であり、たとえ展示したとしても人々は恐れて近づこうとしないだろう。そのような物を一方的に返還されるのも、また迷惑な話なのである。また、物によっては不適切な取り扱いを受けたために既にその聖性を失っている、とみなされる場合もある。そのような物はインディアンにとっては、ただのがらくたに過ぎない。そのことを政府の役人や学者は理解していないと、オセイジ民族博物館の館長が嘆いていた。

呪われたカセットテープレコーダー

初めてオクラホマに行った夏、私はインディアンたちから一つの似たような話をくりかえし聞かされた。それは白人がカイオワの儀礼を撮影したがフィルムを現像してみると何も写っていなかったとか、祈禱の詞《ことば》や儀礼の歌をこっそり録音しようとしたが何も録音されていなかった、というような話だった。みな邪心を持つ白人に対するカイオワの呪術の力を強調するものだった。しかし、当時の私のような呪術を信じないフィールドワーカーには、私をからかうために作った眉唾物の話であるように思われた。

ある日、私はカイオワの古老たちの集まりに参加することを許された。初めて聞けるカイオワ語の会話に私は跳び上がるような嬉しさを感じた。ニューヨークで私としては大金を出して買った新型のソニー・カセットテープレコーダーを手に、私は会場に駆けつけた。まだ意味は全くわからなかったが、それまで音声記号の形でしか知らなかったカイオワ語が実際に語られるのを初めて耳にした時の感激は今でも忘れない。魔法の言葉のように美しく響く穏やかな口調の古老たちのカイオワ語を、私はすべて録音したはずだった。ところが、家に帰って再生してみると、テープには何も録音されていなかった。録音装置が壊れていたのである。私はがっかりした。家で点検した時には正常だったはずなのになぜ壊れているのか、私には不思議だった。きっと私が見ていない間に、誰かがいたずらをしたのだろうと思った。オクラホマの田舎町では修理もできない。そこで仕方なく質屋を訪ね、棚の奥にあった埃だらけの安物を二〇ドルほどで買った。音質は良くなかったけれども、その機械は夏中壊れずに働き、いくつかの貴重な録音を残した。

この話には後日談がある。秋になり、ニューヨークに戻ってから、私は壊れたカセットテープレコーダーをソニーのサービスセンターに持って行き、修理を依頼した。受付カウンターの男は、私の機械と引き替えに受領書をくれ、ひと月ほどでできると言った。ところが、いくら待っても修理完了の知らせがない。しびれをきらせて再びサービスセンターを訪ね、前と同じ男に問題を質した。彼は奥に引っ込み、しばらく品物を探し回った。しかし、どうしても見つけることができなかった。「どこにもない」と言い、両手を開いて首をふるだけである。私のカセットテープレコーダーはどこかに消えてしまったのである。私はマネージャーを呼んで事情を話した。日本人のマネージャーは、私の二度にわたる不幸をたいへん気の毒がり、代償として新品を送ると約束してくれた。

数日後、ソニーから前と同じ型の新品のカセットテープレコーダーが送られてきた。試してみるとすべて正常に作動する。次回はこれを持っていけると、私は安堵した。ところが、その冬のある日、私の部屋の窓を破って泥棒が侵入した。金目の物などほとんどない部屋から、泥棒は新品のカセットテープレコーダーを盗み去った。いわくつきのテープレコーダーは、ついにインディアンの言葉を一言も録音することなく、私の手元から消えてしまったのである。

私には今のところ、呪術以外にこの奇妙な一連の出来事の説明が見つからない。

第5章 インディアンと白人

インディアンという名称

私のカイオワ語の先生になってくれたアガサおばさんは、かつてインディアンシティー（アナダルコの南にある野外博物館で主に南部平原諸部族の住居や芸術品等を展示している）の売店で働いていたことがある。

ある日、そこにインド人観光客の一団がやってきた。その内の一人が売店に近寄ってきてアガサに尋ねた。

「あなた方はなぜ〝インディアン〟と呼ばれているのですか。本当のインディアン（インド人）は我々のことなのに」

彼女はこの質問に一瞬困惑し、

「さあ分かりませんわ。この名前は私たちが自分で選んだものではないものですから」

と、答えたという。

このエピソードは、アメリカン・インディアンという言葉の複雑な歴史的背景を示している。アメリカ大陸の先住民をインディアンと呼ぶのは、一四九二年にコロンブスがアメリカを「発見」した際、それがインドであると勘違いをしたことに由来するということはよく知られている。以来、コロンブスの犯した地理学的な間違いは訂正されたが、先住民の呼称はただされずにそのまま残された。したがって、インディアンという言葉はヨーロッパ人による植民地化の歴史をそのまま記憶にとどめた言葉である。

しかし同時に、インディアンという言葉は先住諸民族のアイデンティティに関する新しい認識の範疇を表す言葉でもある。

ヨーロッパ人が渡来するまで、アメリカ大陸に住む人々全体を指す言葉は、どの言語にも存在しなかった。先住民にとっては、自らの部族やバンド（複数の家族があつまって形成する流動的な集団）こそが社会生活の単位であり、その構成員が人間そのものだったのである。事実、多くの先住民の言語において、部族の名称は同時に「人間」を意味する言葉でもある。異なる部族は異なる人々なのであり、ひとまとめにして認識されるべき存在ではなかったのである。しかし、ヨーロッパ人は違った。彼らは個々の先住民部族の違いなど一切おかまいなしに、強引にすべてを同じものだとみなして、インディアンと呼んだ。インディアンという言葉には、そのようなヨーロッパ人の視点からの認識が反映されているのである。

後に、先住民自身もインディアンという言葉を受け容れ、外来の白人や黒人に対比される先住の民族という共通の認識を深め、部族の境界を越えた集団アイデンティティを形成していったのである。部族の差を越えてすべての「インディアン」の結束を訴える汎インディアン主義の運動は、そのような認識が政治的な形をとったもので、もともとが外来者に押しつけられた言葉を、今度は先住民自身が主体的に使うようになったのである。

今日、アメリカン・インディアンという言葉は、一般に南北アメリカ大陸の先住民を指す言葉として使われている。ただし、アラスカのエスキモーとアリュート（アリューシャン列島の先住民）だけは除外されるのが普通である。エスキモーとアリュートは歴史的に他の先住諸民族（すなわちインディアン）とは異なる時期に（彼らより遅く）北アジアから渡来してきた人々であるために区別されるのである。

最近ではインディアンという語の持つ植民地主義的な意味合いを除去するために、「ネイティブアメリカン」という言葉による置き換えが提唱されている。しかし、これは基本的に政治的なコンテキストで使われる言葉であり、日常語としては馴染んでいない。またネイティブアメリカンという語には、エスキモーやアリュートはもちろん、ハワイ諸島先住民等、米国領土内のすべての先住民が含まれてしまう。したがって、その点ではインディアンとは明らかに意味が異なっており、代替語としては必ずしも適切でない。

インディアンが日常生活の中で自分たちを指して使う言葉は、やはり「インディアン」なのである。

そうでなければ、カイオワやコマンチといった部族名を使う。自分たちの集団アイデンティティのどの部分を強調したいかによって、個々の部族名とインディアンという二つの名称を状況に応じて柔軟に使い分ける。それが彼らのやり方なのである。その意味で、インディアンという言葉は決して蔑称ではなく、ごくふつうに用いられている言葉なのである。

カイオワの旅

カイオワ族は、もとからオクラホマに住んでいた人々ではなかった。彼らは今から二〇〇年ほど前に北方から南部平原に移住してきた民族である。カイオワが初めて歴史に登場するのは一七世紀末のことである。一六八二年にフランス人探検家ラサールが、捕虜のインディアンから聞いた話としてカイオワのことを記している。その記述によれば、彼らはすでに馬を所有していたという。それまで彼らはロッキー山脈の東側モンタナ州イエローストーン川とミズリー川の源流付近の山岳地帯に住んでいた。その付近の山々は今でも「カイオワの山（コイ・コップ）」と呼ばれている。当時彼らはまだ馬の存在もバファローの群れも知らず、徒歩で移動しながら小動物の狩猟とドングリや野草の採集で生活を支える弱小狩猟採集民であった。しかし東方の平原部族から馬を入手するとともに大平原地帯の北部に進出し、騎馬狩猟民族としてダコタ州ブラックヒルズ周辺で暮らすようになった。

一八世紀後半になると、北部平原の東側に位置していたスー族の勢力が強大となり、カイオワはその圧力に押されて南下を余儀なくされた。そして、レッドリバーの支流に近いウィチタ山地が広がるテキサス・オクラホマ州境付近からカンザス州にかけての南部平原に活動の場所を移し、その後約一世紀の間その地域を支配した。しかし一九世紀後半には西に膨張したアメリカ合衆国に征服され、コマンチおよびカイオワ・アパッチ（カイオワと常に一体となって行動してきたアパッチの一集団）とともに、オクラホマ州南西部の保留地に押し込められるにいたったのである。その後保留地は、政府の政策変化によって分割・私有の土地となって白人開拓者による所有の途が開かれ、徐々にインディアンの手から失われて今日に及んでいる。

カイオワが過去三世紀ほどの間にこのようにめまぐるしく生活の舞台を変えて移動するようになった最大の理由はヨーロッパ人の渡来であり、彼らによるアメリカ大陸の植民地化であった。

白人との出会い

カイオワを始めとする北米先住民諸部族の歴史にとって運命的となった白人との出会いを、カイオワは二人のセンディの出会いの物語として語り伝えている。

☼カイオワセンディ、白人センディに会う

カイオワセンディと白人センディが出会った。白人センディが言った。

「おいセギー（おじさん）、お前は本当に泥棒なのか」

「そうだとも。お前なんか相手じゃないぞ。おいらは本当に人をだますのが巧いんだから」

「ははは、嘘をつくな。俺様こそが世界一の泥棒だ」

白人センディが言った。

「そんなに言うなら、勝負しよう」

カイオワセンデイが言った。

「でも困った、おいらは守護神のお守りを七つ山向こうに置いてきてしまった。今行って取ってくるから、そうしたらお前をだましてやるぞ。……でも困った、おいらには馬がない。どうしよう……。そうだ、お前の馬を貸してくれ。その馬で取りに行って来るから」

「いいだろう」

白人センディが答えた。

カイオワセンディは白人センディの馬にまたがった。しかし馬は前に進もうとしない。

「馬が動かないよ」

カイオワセンディが言った。

「おいらのことを知らないから動こうとしないんだ。ちょっとお前の帽子を貸してくれ」

白人センディは、自分の帽子を取ると、カイオワセンディに渡した。

それでも馬は動かない。

「まだ動かないよ。まだおいらが分からないらしい。お前のシャツも貸してくれ」

白人センディは、シャツを貸してやった。それでもまだ馬は前に進もうとしない。

「まだ分からないらしい。お前のズボンも貸してくれ」

そこで白人センディは、ズボンを脱いでセンディに渡した。

カイオワセンディは、そのズボンをはいた。しかし、それでも馬は動かない。

「靴も貸してくれ」

白人センディは、靴を脱いでカイオワセンディに渡した。

カイオワセンディは、靴をはくと馬に飛び乗った。馬は風のように走り出した。そこでカイオワセンディは、後ろを振り返ってこう言った。

「見たか、お前をだましてやったぞ。馬が前に進もうとしなかったのは、おいらが反対側の手で引っ張っていたからなのさ。おいらに見事だまされてお前はそこで丸裸だ、ははは……」

＊

ただし現実のインディアン・白人関係の歴史は、この物語のようにインディアンの側に都合良くは進まなかった。本当の大泥棒は、インディアンではなく、馬と多少の生活物資と引き換えにインディアンの土地をそっくり奪い取った白人の方だったのである。

馬と鉄砲

ヨーロッパ人の中で北米先住民諸部族に特に大きな影響を与えたのは、イギリス、フランス、スペインの三国からやってきた人々であった。彼らはそれぞれに異なった形で影響を与えたが、中でもイギリス人はアメリカ大陸を社会的にも生態的にも完全に作り変えるという決定的な役割を果たした。

イギリスは一七世紀初頭から北アメリカ東部の海岸地域で本国からの移民による農業を中心とした植民地経営を開始した。そのために必要な土地を次々とインディアンから取りあげながら、西へ西へと拡大を続けた。その圧力は非常に強くとどまることなく続き、先住民部族のいくつかは絶滅の運命をたどった。また多くの人々が東部沿岸の森林地帯から内奥部へ、そしてさらには中西部の平原地帯へと追いやられた。そのために大陸内奥部では先住民同士の摩擦と緊張が高まり、部族間の抗争も頻繁に生じるようになった。

一方、メキシコから米国西南部にかけての地域はスペインによって植民地化された。この地域ではインディアンがかなり発達した農業社会を形成しており、人口密度も比較的高かったので、先住民を駆逐して本国人を入植させる代わりに、彼らを軍事的に支配し、その生産物を搾取するという政策がとられた。そのために、新大陸にはいなかった馬が大量に持ち込まれた。その馬はやがて繁殖に適した環境を得て増加し、テキサスを経てアメリカにも伝播して大平原の姿を大きく変える原動力になった。

さらにカナダ東部の森林地帯ではフランス人の毛皮貿易が始まった。北米カナダの森林がヨーロッパの市場に大量の毛皮を供給するための生産地となったのである。毛皮商人たちは、増大する需要に応じるために多くのインディアンをハンターとして利用した。彼らはインディアンに鉄製の武器（特に鉄砲）を与え、インディアンは食料を得るためではなく商品価値のある毛皮を生産するためにビーバーやキツネ等の森林の小動物を捕獲するようになった。そのような商業的狩猟はたちまち東部地域の動物資源を枯渇させ、その地域のインディアンの生活も破綻させた。

商人たちは毛皮動物を求めてさらに奥地へと入り込んだ。それとともに、鉄製の武器と酒が内奥部のインディアンにもたらされた。そしてそこでもまた資源を枯渇させると、今度は大平原のバファローが狩猟の対象とされた。このようなフランス人毛皮商人の活動は、相当量の鉄砲と弾薬を継続的にインディアンに供給したのである。それがまた平原地帯のインディアンの生活を大きく変えるもうひとつの要因となった。

鉄の破壊力

北米のインディアンは鉄器の使用を知らなかった。北太平洋沿岸の諸部族は自然に産出する銅を叩いて薄く伸ばしで装飾的な板を作って地位と威信の象徴としていたが、武器として利用することはなかった。それは彼らが硬い金属を溶解精錬する技術を知らなかったためである。

ヨーロッパ人によってアメリカ大陸にもたらされた鉄器の威力は、それまで石器と骨角器しか知らなかったインディアンにとってまさに驚異的なものであった。どんな石の鏃《やじり》よりも深く動物の体内に突き刺さり、どんなに堅い木をも切り倒してしまう鉄器の威力は、平原インディアンたちに強烈な印象を与えた。特に閃光を放って一瞬のうちに相手をうち倒す鉄砲は、恐怖と賞賛の対象となった。そのような鉄器に対する畏敬の感情は、鉄の角と蹄を持ったバファローとしてカイオワ神話の中に象徴的に描かれている。そのすさまじい破壊力に立ち向かうには、太陽の孫にあたる双子少年（ザイデ・タリ）の超能力が必要だったのである。

☼双子少年とバファロー

……双子少年は弓の弦を作るために動物の腱が必要だった。彼らの母が綱を作るのに使ったような良質の腱である。人々は、そのような腱を手に入れるには金色に輝く鉄の角を持った雄のバファローをしとめるほかはないと言った。

そのバファローに近づくことができる者は誰もいなかった。なぜなら、このバファローの背中には小さな鳥が乗っていて、いつも周囲を見張っていたからだった。この鳥の視力はとても鋭く、はるか彼方の人影を見つけてはバファローに知らせた。だから、バファローに近づこうとする者はみな殺されてしまうのだった。

双子少年は、どうしてもこのバファローの腱が欲しいと思った。そこで二人は小さな地鼠に変身した。そして地面に穴を掘った。バファローは草原の上に横になって眠っており、その上にはやはりあの小鳥がいた。二人は地中を進んでいった。彼らはトンネルを掘りながら突き進み、バファローの真下までやってきた。そして今度は上に向かってトンネルを掘り、ついにバファローの心臓のあたりにたどり着いた。彼らは手に鋭い槍を握っていた。この槍は非常に鋭い切っ先を持っており、金属の角を持つバファローを倒すことのできる唯一の武器であった。

地鼠は穴から出ると、バファローの心臓の鼓動を手探りで探し始めた。突然、バファローが大きな声を発した。小さな鳥はあわてて周囲を見回したが、何も見えない。そこでけたたましく鳴き始めた。その時、地鼠がバファローに語りかけた。

「私ですよ。ちっぽけな地鼠です。私はほんのちょっとだけあなたの毛が欲しいのです。私の赤ちゃんが寒がっているので、寝床を作ってやるためにほんの二、三本で結構ですから毛を抜かせてください。何も心配はいりませんよ」

バファローは安心して横になったままじっとしていた。地鼠は毛を抜くような格好をして動き回っていた。しかし、実際は心臓のある場所を探していたのである。そしてついに二匹の地鼠はバファローの心臓めがけて槍を突き立てた。

バファローは大声をあげて宙に飛び上がると、あたりかまわず跳ね回った。次に、鉄の角を地面に突き立て土を掘り返しはじめた。バファローの行くところ、大地は大きく切り裂かれた。バファローは地鼠を探して気が狂ったように地面を掘り返し続けた。突然、バファローは何かにけつまずいてひざを落とした。その瞬間、胸に刺さっていた槍が彼の心臓に深く食い込んだ。

バファローは死んだ。それを見ていた小さな鳥も恐がって逃げて行ってしまった。そこで、双子の少年はもとの姿に戻り、バファローの体から腱を切り取った。……

鉄の角を地面に突き立て、気が狂ったように大地を切り裂き掘り起こすバファローの姿は、鉄砲でインディアンを駆逐し、鉄斧で木を切り倒し、鉄鋤で地面を耕して大自然を改造してしまった白人開拓者の姿の投影であろうか。実際、カイオワをはじめ多くのインディアンが、「母なる大地を傷つける行為」だとして農業を否定的に見ている。合衆国政府によるインディアンの定住農耕民化政策のほとんどが成功しなかった原因のひとつに、そのような価値観が作用していたのかもしれない。

*

鉄で武装する

しかし、インディアンはじきに鉄の武器を自分のものにする。それとともに彼らの力は強大なものになり、邪悪な敵をいとも簡単になぎ倒すことができるようになった。その様子は、呪術の力で鉄の角を持った強いバファローに変身する孤児の物語として語られている。

☼孤児の復讐

ある所にインディアンの宿営地があった。そこには二人の族長がいた。そのうちの一人はとても残忍で強欲な男であり、たくさんの妻を持っていた。

インディアンは狩に出て獲物が手に入ると、肉を薄く切って木の棒にかけて干し保存食とするのが常である。ところがこの宿営地では、人々が自分たちの獲った肉を干していると、族長の妻たちが見回りにきて、よい肉とみるとすぐに族長に報告するのであった。族長はそれを聞くと決まって、

「では、それを取ってこい」

と命じるのであった。そうすると妻は、その肉を持っている家に行って、

「私の夫がその肉を全部欲しいと言っている」

と告げる。人々はこの残忍な族長の要求なら断るわけにいかず、すべてを彼の妻に渡さざるをえなかった。このようにして、グループの誰かが良い肉を手に入れると、この強欲な族長は必ずみな取り上げてしまうのであった。

この部族には姉と弟の二人の孤児がいた。インディアンの慣習では、親のない子は親族の誰かが引き取って我が子同様に育てるのが普通である。ところが、どういうわけか、この子供たちには親族というものが全くなかった。ただ一人、年老いた老婆がいて、この老婆だけが彼らの世話をしてやっていた。老婆と二人の子供たちの生活は非常に貧しく、身なりも汚かったので、人々はみな彼らを嫌っていた。誰一人として助けようとする者はいなかったのである。

みなに嫌われていたので、この老婆はいつも宿営地のはずれに自分のティピを張っていた。老婆と子供だけでは狩に出て肉を獲って来る者がいない。そのため彼らはいつもひもじい思いをしていた。

老婆は年老いていたので、食べ物を探してくるのは子供たちの仕事であった。男の子は人々が狩

猟に出かけるとその後をついて行った。いっしょに狩に参加するのではなく、ただ離れてついていくのである。そして、人々が獲物をしとめその肉を切り取って自分たちの宿営地にもどってしまうと、この少年は獲物の残りかすを拾った。彼はいつも皮の袋を持っていて、動物のあばら骨のところの空洞部に溜まっている血をすくって老婆のところに持って帰った。すると老婆は湯を沸かしてその中に血を注ぎ込む。しばらく経ってその血が煮えると、血のスープができあがる。彼らはこのスープを飲んで命をつないでいた。

ある日のこと、男たちが一頭のバファローをしとめた。するとまたあの強欲な族長が獲物を横取りするためにやってきた。自分の欲しい肉をすべて切り取ってしまうと、この残酷な男は近くで見ていた孤児の少年を摑まえて、

「さあ、残りは全部お前にやるわい」

と言うなり、ひどいことにバファローのあばら骨のくぼみに溜まっていた冷たい血の中に少年を投げ込んだ。少年は全身血まみれになった。それを見たバファローは、この少年のことを憐れに思い、密かに呪力を授けてやることにした。しかし、その事は誰も知らなかった。ただこのバファローだけの秘密だったのである。

それから何年か経ち、少年は大きな若者に成長した。しかし、相変わらず人々には嫌われたまま、老婆といっしょに宿営地のはずれで暮らしていた。ある日、この若者は自分のティピの中で横になっていた。彼の体の上にはバファローの毛皮が掛けられていた。すると突然、そのバファローが少

年に語りかけた。

「お前にこの毛皮の上のどこによい肉があるか教えてやるから、その場所の毛を抜きなさい。そして、それを焚火のところに持っていって置きなさい。お婆さんには何も言わずに、ただ黙って火のそばに置きなさい」

バファローは若者にどこに最良の肉があるかを示した。若者は言われた通りにその場所から数本の毛を抜いて、火のそばに置いた。すると、見る間に毛は肉に変わった。それも最良の肉に変わったのである。その時、外で何か仕事をしていた老婆がティピの中に入ってきた。彼女は肉を見て驚いた。

「いったいその肉はどこから来たのかね？」

彼女は少し恐がっているようだった。

「私が獲ってきたのです」

と、若者が答えた。

「お祖母さん、それを少し料理してくれませんか。そして残りを薄く切って、表に干してください」

「とんでもない。そんなことをしたら、あの強欲な族長がやって来て、みんな持っていってしまうよ」

「取れるものなら取らせてやりましょう」

と、若者は平然として答えた。そこで老婆は、その肉の一部を料理し、残りを薄く切って木の棒にかけて表に干した。

　すると案の定、族長の妻の一人がいつものように見回りにやってきて、その肉を見つけた。彼女はすぐに夫に報告した。

「まあ驚いた。あの乞食めが肉をもっているんだよ。それも最高の肉をたくさん表に干しているんだよ」

「よし、行って取ってこい」

　と、この強欲な男は言った。妻は、さっそく若者のティピに行って肉を要求した。しかし若者は、

「これはお前たちにはやれないよ。俺たちの肉なのだから」

　と、女の要求を拒否した。何度繰り返して言っても同じことだった。そこで彼女は自分のティピにもどって夫に報告した。強欲な男は、

「あの生意気な小僧っ子に、族長の俺様が肉を欲しいと言っているのだと言え」

　と、もう一度妻に命じた。彼女は、それをまた若者に伝えた。若者の祖母は恐がって、

「肉を渡しなさい。さもないと私たちは殺されてしまうかもしれないよ。あの族長は生皮でできた長いムチで人をたたくのだから……」

　と、若者に懇願する。確かにそれはもの凄いムチで、人々はみな恐れていたのである。ところがこの若者は一向に気にしない。それどころか、またバファローの毛を抜くと老婆に向かって、

「さあお祖母さん、これも薄く切って干してください」

と言った。たちまちのうちに、目の前に肉の山ができた。族長の妻たちは、しつこく何度もやってきて肉をよこせと言った。しかし、若者はついに一切れもやろうとはしなかった。

とうとう族長が腹を立てた。

「それなら俺が行く。俺が自分の手でその肉を取ってきてやる」

と言うと、立ち上がって外に出た。それを見た人々は、あわてて自分のティピの中に隠れた。誰もがこの男を恐れていたのだ。

若者のティピの前に来ると、族長は大声で怒鳴った。

「お前の肉をよこせ。妻どもを取りにやったのに、どうしてお前はおとなしく渡さないのだ」

「これは俺たちの肉だ。だからお前にはやらないのだ」

「それなら腕ずくでも取ってやろう」

そう言って、族長は怒りながら自分のティピに戻って行った。

「あの生意気な小僧め、目にものを見せてやる」

族長は妻にいいつけて自分のドイを持ってこさせた。妻は急いでドイを取って夫に渡した。それをつかむと、族長はたちまち大きな熊に変身した。そして若者のティピに向かって駆け出した。

老婆は、それを見て肝をつぶした。

「これは大変なことになった。族長がやってくる。大きな熊になってやってくる」

しかし若者は平然としている。

「来たって平気です」

そう言うと、青年はバファローの毛皮と言葉を交わし始めた。バファローは青年に角のところの毛と蹄のところの毛を数本抜くようにと言った。青年は言われた通りにした。すると、彼はたちまち大きなバファローになった。その角と蹄は金色に輝いている。金色に輝く鉄の角と蹄を持ったバファローだ。

大熊が猛烈な勢いで突進してきた。バファローはティピを引き裂いて表に飛び出した。二頭の野獣は向かい合った。最初に熊がバファローに襲いかかった。バファローは頭を軽くひとふりして片方の角で熊をひっかけると、空高く放り上げた。そして、それが落ちてくるところを、今度はもう一方の角で突き刺した。さらに続けて、金属の蹄で踏みつけると、熊は完全に息絶えた。

そこでバファローは、老婆に向かって言った。

「この死体を向こうに持っていって犬にでも食わしてやりなさい。」

老婆は、言われた通り熊の死体を引きずっていって捨てた。人々はみなバファローと熊との戦いの一部始終を固唾をのんで見守っていた。

熊を殺してしまうと、バファローはまた元の青年の姿にもどった。そして老婆に向かってこう言った。

「さあお祖母さん、族長のティピへ行って、肉をみんな持ってきてください。それから、彼の妻たちにみなここへ来て私に仕えるよう言ってください。これからは、私の妻になるのだから」

老婆は、族長のティピのところに行くと女たちに向かってこう言った。

「私の孫が、お前たちみんなに来て妻になるようにと言っている。ここにある肉をみんな持って早く来るがよい」

それを聞いて女たちは、ありったけの肉を抱えて若者のもとにかけつけたという。

変貌した大平原の光景

グレート・プレーンズと呼ばれるアメリカの大平原は、北米大陸の中央部テキサスからカナダ中部あたりまで南北にのびた広大な草原地帯であるが、雨が少ないため、樹木はあまり育たず、一面丈の低い草におおわれている。この大平原をバファローを中心とするおびただしい数の大型草食動物が群れをなして季節毎に大移動を繰り返していた。そのような広大な草原地帯は、馬を持たずに徒歩で移動しなければならないインディアンたちにとっては、決して利用しやすい環境ではなかった。そのために人口密度はきわめて希薄であり、人々は互いに隔絶されていた。

しかし、ひとたび馬が導入されると状況は一変した。インディアンは大河に舟を得た水上民族のように大平原を自由に動き回ることができるようになった。狩猟はそれまでとは比較にならないほど容易になり、食料をはじめ彼らの生活を支える素材のほとんどを供給するバファローは、まさに無尽蔵であった。馬はまた戦闘においてもインディアンの能力を飛躍的に高め、彼らを強力な騎馬民族に変貌させた。それとともに、彼らの世界観や気質までもが大きく変化したと考えられている。

馬と鉄砲。ともにヨーロッパ人がもたらした強力な道具によって武力と機動力の両方を獲得したインディアン諸部族は、きわめて強力な存在となり、大平原を完全に支配した。それとともに、南西部から入ってくる馬と北東部から入ってくる鉄砲が次々と交換されていく長大な交易ルートが大平原にできあがった。そこに進出した諸部族は、この交易に介入するために、また一度確保した交易ルートからはじき出されないために、激しい闘争を繰り広げることになったのである。

インディアン・イメージの「原型」

カイオワもそのような時期に大平原に進出した民族のひとつであった。他の大平原諸部族同様、カイオワも激しい部族間競争の中で銃弾薬等の必需品を手に入れるために、たくさんの馬を必要とした。彼らは自ら馬の繁殖に取り組んではいたが、それだけでは不十分であった。そこで、不足分は他民族から奪うという方法をとった。

彼らは馬を探して頻繁にメキシコに遠征し、メキシコ人の牧場から多くの馬を略奪した。またアメリカ人の開拓者がテキサス地方に現れると、彼らの牧場や農場も襲撃した。さらに、度重なる危険な遠征や部族間抗争で失われる人口を補うために、人種の如何を問わずに多くの子供をさらってきて自分たちの子供として育てるということもした。

これらの行為はインディアンにとっては激しく変化する環境の中で自らの生き残りを賭けた必死の行為であったのだが、周囲の人々（特にヨーロッパ系の入植者たち）にとっては、わざわい以外の何物でもなかった。そこで米国政府は軍隊を差し向けて、武力でインディアンを制圧し、彼らを狭い保留地に封じ込めるという方針をとったのである。

この時期の平原インディアンの姿はハリウッド映画に多く描かれている。三つ編みに編んだ長い髪に羽根飾りをつけ、手に弓やライフルを持ち、裸馬にまたがって大草原を疾走する。それは類型化されてはいるが典型的な平原インディアンの姿である。映画の中のインディアンたちはきわめて戦闘的で、白人を襲撃し、馬や物品を略奪するという蛮行をくりかえす。しかし、既に述べたように、そのような状況はそもそもヨーロッパ人によるアメリカの植民地化がもたらしたものであり、インディアンたちの生活を強引に変え彼らの一部を戦闘的な騎馬民族の立場に追い込んでしまったのもヨーロッパ人自身だったのであるが、その点の認識は映画という大衆娯楽からは完全に抜け落ちてしまっている。

類型化された平原インディアンの姿が繰り返し銀幕に映し出されるうちに、アメリカ人の心の中にはそのイメージが「インディアン」像として定着した。またインディアン自身も、映画が広めたイメージを個々の部族を越えた汎インディアン主義的なエスニック集団の自画像として利用することになった。その結果、平原インディアンは白人とインディアンの両方からインディアンの「原型」とみなされるようになったのである。

今日カイオワ族は、過去に最も数多くの白人を殺した凶暴な部族として、カスター将軍の第七騎兵隊を全滅させたスー族やシャイアン族と並んで悪名高いインディアン部族となっている。しかし立場が変われば、逆にカイオワは誇り高く英雄的な戦士の部族ともなるのである。

第6章

サンドイッチを借りる

狩猟採集民の社会では土地の私的所有は意味がない。彼らにとって重要なのは、特定の区画された土地から産出されるものではなく、広い自然環境の中に自生する植物とそれと共生関係にある鳥獣等の野生動物である。地球の公転に基づく周年的な気候の変化は、植物の生育に必要な温度と水の分布を季節的に変化させる。それにともなって植物の生育状況も季節とともに変化し、それを栄養源として生命を維持する鳥獣も季節毎に広範囲を移動する。だから狩猟採集民は一カ所に留まっていることはできず、食料となる動植物を求めて、頻繁に移動しなければならない。狩猟民の間に土地の私的所有の概念が発達しなかったのはそのためである。

分かち合いの経済

狩猟民にとって、広い土地をいくつかの私的所有の区画に分けて個々人が自分の土地の中だけで生きるということはおよそ不可能であり、無意味なことである。また移動生活では、当然ながら食べ物をはじめとして持ち運べる生活財の量も限られている。そこで、狩猟採集民の間には私的所有の観念は弱く、「分かち合い」の慣習が広く見られる。

狩猟民は、獲物がとれた時その肉を自分一人で消費することはせず、多くの人に分け与える。肉をもらった人は、それをまた他の人に分ける。こうして一頭の動物からとれた肉は多くの人の手に渡ることになる。もし他の人が獲物をとった時には、こんどは自分が分け前にあずかる。

いつでも持たない者は持つ者からもらう権利を持ち、持つ者は求める者に与える義務を負う。これが分かち合いであり、狩猟民社会での社会経済関係の基本となっている。考えてみれば、食料の保存技術の貧弱な社会では、一度にたくさんとれた肉を独り占めして腐らせてしまうよりも、他人の胃袋の中に一時貯蔵しておき、いつか必要になった時に引き出した方がはるかに合理的なのである。その意味では、分かち合いの慣習は狩猟民にとって食料保存の方法であり、同時に社会保障の役割を担ってもいるのである。

狩猟民といっても、誰もが同じ分量の獲物をとるわけではない。人は個人によって体力差があるし、狩猟に必要な知識や技術にも大きな違いがある。したがって、ある者は他人よりも多くの獲物をとり、またある者はほとんどとれないというような差が生じる。しかし、個人が生きるために消費する肉の量にはそれほど違いがあるわけではない。そこで、たくさんの肉をとってくるのに自分ではほんの一部しか消費しない者もいれば、自分では全く肉をとれないのに他人並みの分量の肉を消費する者もいる、ということになる。

これは一見不公平に見えるが、狩猟民社会ではほとんど問題にされない。それは、他人に多く与える者は代わりに名誉や評判を獲得するからである。反対に、他人に全く与えない者は名誉も評判も得られないことになる。特に、持っているのに誰にも与えない者は、「ケチ」や「強欲」と呼ばれ、批判と軽蔑の対象となる。そこで人々は、ケチや強欲と呼ばれたくないために、求められれば持っている物をほとんど与えてしまうことになる。

生きている狩猟民の価値観

そのような狩猟民の価値観は、漂泊の狩猟生活を捨てて一世紀以上を経た今もカイオワの性格を顕著に特徴づけている。いくらかでも経済的に余裕のある者のところには、親族たちが頻繁にやってきて、金銭や食料をもらったり借りたりしていく。

平原インディアンの世界では貸すということは与えるということと同じなのである。その結果、一人が手にした財はあっという間に親族の間に分配されてしまい、インディアンたちはみな同じくらい貧しくなる。そのため、特定個人への富の集中や資本の蓄積はほとんど不可能である。それがインディアンの商人や起業家がほとんどいない理由であろう。個人が経済的に成功するためには、インディアンの共同体のしがらみから抜け出さなければならない。しかし、そのようなことをした者の後には利己的で強欲という悪評が残ることになる。

強欲と言われることは、カイオワにとって今も最大の恥辱である。人々は、それを避けるために無理をしても他人に物品を与える。物のやりとりは、パウワウ（第8章参照）のような非日常的な祭事の場においても、日常的な生活の場においても、非常に大きな意味を持っている。

ある時、私が一人で留守番をしていた時、インディアン仲間でもあまり評判のよくないアルコール依存症の隣人がやってきて「買い物に行きたいので車を貸して欲しい」と言った。私は家の主人から車の鍵をあずかっていたのだが、果たして貸してよいものかどうか躊躇した。結局、家の主人がいないから分からないという理由で断ることにした。後でこのことを話すと、親族だから頼まれたら貸してやってくれということだった。親族という言葉は、カイオワの世界では非常に広範囲の人々を含むことになるので、結局、求める者には誰にでも貸してやるということになる。

サンドイッチを借りる

インディアンは、物の授受が行われる時、しばしば「貸す（loan）」または「借りる（borrow）」という言葉を使う。分かち合いの経済では、ある時に与える立場にある者も別の時には与えられる立場にまわる。つまり、人々は永遠に続く双方向的なやりとりのプロセスの中にいることになる。したがって、行為の一回完結性を含意する「与える」という言葉よりも、関係の継続性を含意する「貸す」や「借りる」という言葉の方がよく馴染む。借りるという言葉は、いつか返すということを含意しているからである。

ある時、私が泊まっていた家に親類だという若者がやってきて、腹が減ったから「サンドイッチを貸してくれるか（Can I borrow some sandwich?）」と尋ねた。「いいとも」。家の主人であるフィルは当然という風に答えた。すると、若者は自分で冷蔵庫を開けるとハムを取り出し、それをパンにはさんでサンドイッチを作って食べた。私は、サンドイッチを借りるという表現を初めて聞いた。同時に、かつて日本がまだ物質的に貧しかった頃、母が隣人同士で砂糖や醤油、時には米の貸し借りをしていたことを思い出した。

インディアンが使う「貸す」（または「借りる」）という言葉の意味と、アメリカ人が使う同じ言葉の意味はやや異なっている。資本主義的な現代アメリカ文化の中では、貸す（または借りる）という英語の言葉は均衡互恵に基づく交換であり、借りた物と同じ物、またはそれと等価のものが一定期間内に返却されなければならない。しかし、同じ英語の言葉をインディアンは一般互恵に基づく交換の意味で使っているようである。すなわち、与えることのできる者がそれを必要とする者に必要なだけ与えるという意味であり、その返却や返済は必ずしも明瞭に期待されてはいないし、義務づけられてもいない。それは出来る時に、またもし必要な時があったらすればよいことなのである。もし返せなくとも批判されたり軽蔑されたりすることはない。カイオワのいう貸す（または借りる）という言葉は、英語意味論の規範からははずれているかもしれないが、彼らの分かち合いの経済にはよく適合しているのである。

フィールドの人類学者は、しばしば「〜を貸してくれ」という要求に直面する。それには理由がある。人類学者はたいてい先進国か大都市近郊に住む中産階級なので、経済的には現地の人々よりもかなり豊かである場合が多い。したがって、一般互恵に基づく分かち合いの原則からいっても、持てる者が持たざる者に分け与えるのが当然だと人々は考えるのである。私も、金を貸してくれと頼まれたことが何度かあった。慣れないうちは、よそ者につけ込んで搾り取ってやろうという魂胆ではないかとずいぶん疑った。ある時、どうしても金が必要だとせがむ男に、迷った末に銀行口座に余裕のあった一〇〇ドルほどの金額を書いた小切手を渡した。二、三日後、彼はその小切手を換金せずに返しにきた。理由は、私が大学から資金をもらって来ているのかと思っていたが、そうではなく自分の金で来ているということが分かったので返す、ということだった。私は、彼の動機を誤解したことを恥じた。

一般互恵に基づく分かち合いの要求が別の形で示唆されることもある。それは他人の持ち物を褒めるという行為である。誰かに自分の持ち物を褒められたとしたら、それは彼がその物を欲しがっているということである。私も、帽子を、ジャケットを、ナイフを、またカメラを褒められた。そのような時には、「そんなに気に入ったのなら持っていっていいよ」とすぐに与えるのが望ましいことだとされる。しかし、現実には良い格好ばかりしてはいられない。そこで、相手の気持ちに理解を示しながらも「残念だけど、これは一つしかないのであげれらないんだよ」と言えば、たいていはそれで済む。何も言わずに無視して与えないのは、ケチや強欲の証拠だと思われてしまうだろう。私は、それと気づかずにしばしばケチな男としてふるまってしまった。

トリクスターと反面教師

カイオワのフォークロアー（民俗・民話）には、ケチと強欲を戒めるいくつもの物語がある。なかでもセンディ物語には、しばしばその主題がよく現れる。既に述べたように、センディとはカイオワにとって偉大な英雄である。彼のお陰で、カイオワは一度失われた太陽やバファローを取り戻すことができた。しかし、彼は同時にトリクスター（道化）でもある。彼の滑稽な行動や失敗談は人々を大きな笑いの渦に引き込む。老若男女を問わず、カイオワは誰もセンディを敬愛している。

彼はまた、とんでもない欲張り者でもある。特に食べ物に対する執着はたいへんなもので、カイオワが重視している分かち合いの精神など、ひとかけらも持ち合わせていないように見える。彼は、手にした食べ物はすべて独り占めしようとする。しかし、その欲張りが災いして、結局最後には食べ物を失ってしまい、空腹のまま取り残される。センディは偉大な反面教師でもあるのだ。

☼センディと熊

センディがやってきた。そして野生のプラムの木を見つけた。ところが、近寄ってみるとプラムの果実は既に何者かによって食い荒らされた後だった。センディは腹を立てた。

「俺様のプラムを食ったのは、一体どこのどいつだ」

僅かに残っていたプラムのかすを口に放り込みながら、サンディはぼやき続ける。

「これはあの熊めの仕業にちがいない。あのガニ股の寄り目野郎め。もし見つけたら鼻づらを蹴飛ばしてやるぞ」

センディは次から次へと熊の悪口を並べ立てていた。すると突然、木の陰から何者かがにゅっと立ち上がった。それは大きな熊だった。

「おいお前、今何と言った。俺様のことを何と言った」

熊は大声でうなった。センディはびっくりした。

「やあ、セギー（伯父さん）。俺は何もあんたの悪口なんか言ってないよ。ただの冗談だよ。本気じゃないんだよ。………誰かがプラムをお食べになったようだから、きっとセギーだろうって、そう言ってたんだよ」

「いや、お前はもっと悪いことを言っていた。俺様の悪口を言っていた。けしからん奴だ。今ここでとって食ってやる」

「それだけはごかんべんを。俺はこの通り貧乏で、やせっぽちで、脂肪なんか全くありゃしない。だからどうか食わないでくれ。………そうだ、いいことを思いついた。何か競争をしようじゃないか。それで、もし俺が勝ったら命を助けてくれ」

「ようし、いいだろう」

熊はセンディの提案に同意した。

「しかし、何をする」

「がまん比べがいい。あんたと俺とでどちらが熱いのをがまんできるか競争しよう。………でもきっと俺が勝つと思うけど」

センディはからかうように言った。

「いや、俺様が勝つにきまっている」

熊が怒って答えた。

二人はそろって山腹にある洞穴のところまで歩いて行った。

「さあ着いた」

洞穴に着くと、二人は枯れ枝や枯れ草を集めだした。

「俺が先に洞穴の中に入るから、あんたは入口で火を焚け。どちらが長く我慢できるか競争だ」

そう言って、センディが洞穴の中に入った。熊は入口でぼうぼうと火を焚きはじめた。じきにセンディが悲鳴をあげた。

「おおい、セギー。熱いよう。熱くて熱くて死にそうだよう」

そこで、熊は焚き火を取り除いた。センディは真っ赤になって飛び出してきた。

次は熊の番だ。熊はのっしのっしと洞穴の中に入っていった。センディは、入口の所に枯れ木を積み上げると、それに火をつけた。火はぼうぼうと燃え出した。しばらくすると熊が悲鳴をあげ出した。そこでサンディは、焚き火を取り除いてやった。熊はふうふう言って飛び出してきた。

またセンディが中に入った。しかし意気地なく、すぐにまた悲鳴をあげ出した。

「おおい、出してくれえ、出してくれえ。熱くて熱くて死にそうだよう」

熊は、またセンディを外に出してやった。

そして熊がもう一度中に入った。センディは、今度はもう出してやるものかと腹に決めていた。そこで、たくさんの石を集めると、熊が外に出られないように、入口のところにうず高く積み上げた。そして枯れ木をわんさと積み重ねて、火をつけた。さらにどんどん薪を投げ込んでいく。しばらくすると熊が悲鳴をあげだした。

「セギー、セギー、外に出してくれ。熱いよお。熱くて死にそうだよう」

しかしセンデイはどっかと腰を下ろすとそのまま横になり、涼しい顔をして口笛を吹いている。

「早く焼けちまえ。丸焼きになっちまえ。焼けたらお前を食ってやる」

熊はまだ悲鳴をあげている。

「出してくれえ。出してくれえ。あんまり熱くて、目玉が破裂しそうだよう」

センディは、相変わらず知らぬふりをしている。そのうちに、パチーンと何かはじけるような音がした。熊の目玉が破裂したのだ。しかし、センディは動こうともしない。パチーン。もうひとつの目玉も破裂した。

しばらくたって、火も燃え尽き、あたりは静かになった。センディは積み上げた石を取り除いた。熊はすっかり丸焼けになって横たわっている。

「すごいごちそうだ」

センディは土の上にきれいに木の葉を敷きつめると、熊を引きずり出してその上においた。熊の肉はまだ熱くほてっていた。そこでセンディは肉が冷めるまでしばらく待つことにした。

するとどこからともなく一羽の小鳥がやってきた。小鳥は木の枝に止まると、センディに向かって言った。

「すごいごちそうだなあ、センディ。おいらにも一切れ分けておくれよ。おいらは腹ペコなんだ」

「だめだ。お前なんかに一切れもやるもんか。とっとと消え去れ」

「それじゃあ、皮でいいから一切れ分けておくれよ」

「だめだ。俺は皮も全部食うんだ」

「じゃあ、お前が食べ終わった後、木の葉についている脂をなめさせてくれよ」

「俺は脂も全部なめるんだ」

すると、小鳥は独り言を言いはじめた。

「そうだ、おいらは面白い遊びを知っているんだ。とても面白い遊びだから、それで遊ぶことにしよう……」

そう言うと、小鳥は木の幹の二股になっているところに座った。そして木に向かってこう叫んだ。

「木よ、からみつけ」

すると、木はくるくると丸くなって、小鳥のまわりにからみついた。小鳥はケラケラと面白そうに笑った。そして今度は、

「木よ、もとにもどれ」

と言った。すると、木はほどけてもとにもどった。

「からみつけ」

「もとにもどれ」

小鳥はケラケラ笑いながら、何度も、何度も繰り返した。その様子はいかにも楽しそうだった。見ているうちに、センディは自分もやってみたくなった。そこで、小鳥に向かって自分にもやらせてくれと頼んだ。

「だめだよ。お前はいつも度を超して、何もかも台無しにしてしまうんだから」

「いや、今度は大丈夫だ。絶対に大丈夫だから、俺にもやらせてくれ」

「それほど言うならやらせてやろう」

センディは木の股に腰を下ろすと、小鳥がやったように、木に向かって

「木よ、からみつけ」

と、叫んでみた。木はくるくると丸まってセンディにからみついた。

「もとにもどれ」

木はほどけてもとにもどった。

「はっはっはっ、これは面白い」

センデイはもう一度、

「からみつけ」

と言った。木はまたくるくると丸まって、センディにからみついた。するとその時、小鳥が叫んだ。

「木よ、もうもとにもどるな」

さあ、木はもうもとにはもどらない。センディが何と言っても、木はセンディにからみついたままもとにはもどらない。センディは檻の中に閉じ込められたようになってしまった。

それを見ると、小鳥は森の方を指して飛び去っていった。そして、森に住むすべての鳥と獣たちを呼んだ。

「おおい、みんな来い。センディが熊の丸焼きをごちそうするぞ」

森に住むすべての動物たちがやってきた。そして、センディの熊の肉をむしゃむしゃと食べはじめた。あわれなセンディは、木の檻の中に閉じ込められたまま、どうすることもできない。大声で怒鳴ったり叫んだりしても、誰も耳を貸さない。動物たちはたちまちのうちに熊の丸焼きを平らげ、木の葉についた脂まですっかりなめ尽くしてしまった。

ごちそうがすっかりなくなってしまった時、木はやっともとにもどった。結局、センディは熊の肉を一切れも口にすることが出来なかった。

古典的なジレンマ

このような物語が意味をもって語られている限り、狩猟民時代からの分かち合いの価値観はカイオワたちの間に生き続けているということだろう。自分自身の努力や偶然の幸運によって特定個人のもとに集まった富は、この分かち合いの慣習のために再分配され平準化される。富を自分の手元に留めておくためには、インディアンの共同体から脱出しなければならない。それはインディアンでなくなることを意味している。

分かち合いの価値観は、明らかにインディアンの資本主義世界での成功にとって大きな足かせになっている。しかし同時に、貧困と希望喪失が日常となっているアメリカの少数民族にとって、弱者を救済し不幸を軽減する力として働いていることもまた疑いない。変わりたいのに変われない、変わればよいのだが変わりたくない。古典的な進歩と伝統のジレンマは、南部平原の小さなインディアンの共同体においても人々の上に大きくのしかかっているのである。米国という資本主義社会の中でのインディアンの経済的地位の向上が過去一世紀の間遅々として進まなかった事実は、このジレンマの大きさを物語っているのかもしれない。

第7章 狩猟民と肉の深い関係

狩猟民というと肉ばかり食べて生きているように思われるかもしれないが、実際には事情が少し異なっている。

狩猟と採集

生態人類学者リーらの研究によると、アフリカ・カラハリ砂漠の狩猟民ブッシュマンは、カロリー摂取量の七〇％を植物性の食べ物に負っているという。彼らの食事のうち、肉の占める割合はせいぜい三〇％なのである。また、最近の研究では、稲作農耕を知らなかった時代の日本の縄文人が、クリやドングリ等の植物性の食べ物に多く依存しながらかなり高度な文化を発達させていたということも明らかになっている。

北米大陸でも、気候的に植物の生育に適さない北極圏のイヌイット（エスキモー）を除けば、ほとんどの狩猟民族にとって植物性の食べ物の採集が重要な位置を占めていた。狩猟民という言葉は、狩猟だけが強調されるので誤解を招きやすい。そこで人類学では、狩猟と採集と両方の活動を含めた「狩猟採集民」という言葉がよく使われる。

狩猟採集民の社会では、狩猟と採集は、基本的に性に基づいた分業となっている。肉を獲得する狩猟が男性、草木の実や根などの植物性の食べ物を採集するのが女性の仕事というわけである。男性が採集を行う場合もあるが、その活動は不定期的である。また女性が狩猟を行う場合は、ほとんどが小動物を対象としたものか、男性の補助役に限られる。

狩猟と採集を比較すると、採集による収穫の方が量的に多いのみでなく、季節や天候にかかわらず比較的安定している。一方狩猟の場合は、気候変化等様々な要因による変動が大きい。鯨や像のように一頭で多くの人の胃袋を何日間も満たすことができる獲物がたて続けに獲れる場合もあれば、数週間にもわたってめぼしい獲物が全く獲れないというようなこともある。したがって多くの狩猟採集民が、少なくとも摂取カロリーの上では、採集が主で狩猟が従といった生存方略をとるのである。

高い肉の地位

しかし、生物学者のライアル・ワトソンや人類学者のフィデスが指摘しているように、食べ物としてのステータスは肉の方がはるかに高い。例えば、ウガンダでは一つの家族を四日間養うことができる量の農作物が、カロリー的にはその一二分の一しかない鶏肉と交換されるという。またトラジャの葬儀では、肉の交換とその分配のしかたが死者の地位と名誉を象徴的に表す。文豪シェークスピアも戯曲『ジュリアス・シーザー』の中で、急速に名声を高めつつあるシーザーを脅威に感じるキャシウスとブルータスに「（シーザーは）いかなる肉を食らっているのか。これほど大いなる人物に成り上がるとは」と訝しげに言わしめている。近代ドイツや米国の軍隊でさえ、兵士たちに十分な食肉を供給することが指導者にとって至上の課題であったという。南部平原のインディアンの場合でも、パウワウ（第8章参照）等の儀礼的社交的な集会でふるまわれる食事は、必ず肉でなければならないのである。

草木の根や果実は普通の食べ物であるが、肉は特別な食べ物なのである。そのため、狩猟の成功はしばしば集団全体が喜び祝う機会となり、獲得された肉は多くの人に分配される。そして狩猟の名手は人々から高い威信を認められることになる。結婚を望む狩猟民の男性にとっては、妻としたい女性の両親に対して「これからは自分が肉を獲ってくる」ことを約束することが結婚の意思表示とされるし、日本でも沿岸の小型捕鯨船の権利を受け継いだ若い船主は、前の船主に「親父さんにはこれからは俺が肉を届けるから」と言って敬意を表したという。狩猟者にとって肉の持つ意味には民族を越えて共通したところがあるようだ。

食べた肉の量で偉大さを競う

肉に付与された高い地位は、しばしば肉を所有（あるいは消費）する者の地位の反映とみなされることもある。すなわち、肉をたくさん獲りたくさん食える者は偉大であり畏敬の対象となる、というわけである。カイオワには、胃袋の中に入っている肉の量で強さを競うという奇妙な物語が伝わっている。

☼センディ、山の化け物に出会う

ある時、センディは食べ物が全くなくなってしまった。インディアンの食べ物である肉が全くなくなったので、仕方なくトマトばかり食べていた。平原に生えている野生のトマトをさがして食べていたのである。そんなわけで、もう何日も肉を食べてなかった。

そんな時、運の悪いことに、センディは山の化け物（コップ・サポウル）に出くわしてしまった。化け物は二人、いや三人もいた。そしてセンディを食おうとした。センディはあわててこう言った。

「こら、俺様を食おうとするとはけしからん。俺様はお前らよりずっと怖いんだぞ」

「わっはっは、お前はそんなにやせっぽちのくせして。俺たちは、お前なんかよりもっとたくさん肉を食えるんだぞ」

化け物たちは大声で笑った。

「いや、そんなことあるものか。俺の方がたくさん食えるぞ。俺は、お前ら三人なんかあっという間に飲み込んで胃袋の中におさめてやれるんだぞ」

「できるもんか。お前みたいなチビでやせっぽちな奴に出来るもんか」

「いやできる。お前らなんか一口でたいらげてやるぞ」

そこで化け物は、

「それなら、お前の言っていることが本当だという証拠を見せろ」

と、言い出した。

「お前がどのくらい肉を食っているか見せてみろ」

と、言った。

「いったいどうやって見せるんだ?」

「吐き出すのだ。胃袋の中に入っているものを全部吐き出して、お前が何を食ったか見せるのだ。俺たちも吐き出すから、どちらがいっぱい肉を食っているか比べようではないか」

さあセンディは困った。実はもう何日もトマトしか食べていないのだ。本当に困った。でも引き下がるわけにはいかない。

「よし、やってやるぞ」

センディは答えた。

「しかし、ひとつ条件がある。食い物を吐き出す間、俺たちはみんな目をつぶってなければいけない。目隠しをしなければいけない。汚い物を見ると頭が破裂してしまうからな」

「うそつけ。俺たちは前にもやったことがあるけど、頭は破裂しなかったぞ」

化け物の一人がいった。

「いや、破裂する。俺はちゃんとこの目で見たんだ。本当に破裂したんだ。だからお前たちも頭を破裂させたくなかったら、しっかり目隠しをしたほうがいい。それで、もしお前たちが勝ったら、俺様はいさぎよく食われてやろう」

センディがそう約束したので、化け物たちもみな同意した。

そこでセンディは化け物たちに目隠しをした。石を拾って、それを化け物の目のくぼみにぎゅっと押しつけて、その上から目隠しをしたので、すき間から見えることもなくなった。

「今度は俺たちにお前の目隠しをさせろ」

と、化け物が言うので、センディは彼らに目隠しをさせた。

「いいか、のぞき見は絶対に禁物だぞ。ほんのちょっとでものぞいたら、たちまち頭が破裂するからな」

センディが念を押した。そして、みな一斉に胃袋の中に入っている物をゲーゲーと吐き出しはじめた。

センディは、すばやく目隠しをはずすと目の前を見た。化け物たちの前には、ものすごい量の肉が吐き出されている。ところがセンディの前には、ほんの数かけらのトマトしかない。これではたちまち食われてしまう。そこでセンディは気を利かせて、

「まだ目をあけるなよ。まだだぞ。まだだぞ」

と、言いながら、急いで化け物たちが吐き出した肉をかき集めて、自分の前に積み上げた。そして代わりに、自分のトマトを化け物たちの前に放り投げた。

「ようし、もういいぞ。もう目隠しをとってもいいぞ」

みな一斉に目隠しをはずした。化け物たちは目の前を見て驚いた。

「おい、俺たちはトマトなんか食った覚えはないぞ」

そこで、すかさずセンディは言った。

「お前たちの胃袋があんまり空っぽだったんでトマトが生えたんだ。知らなかったのか。だからトマトが出てきたんだ。それに比べて俺様はどうだ。肉がたっぷりはいっていたろう」

そこで化け物たちもすっかり信じてしまった。

センディは大いばりで、

「俺様は怖いものなしだ。俺様には怖いものなんか何もありはしない」

と、勝ち誇ったように言った。

「ところで、お前たちが怖いものは何だ」

センディが化け物たちに尋ねた。すると彼らは、

「俺たちだって怖いものなしだ。でもただ一つだけ怖いものがある。それは、「ツーッ」と鳴く小さな小鳥だ。それだけは怖い。でもその鳥以外なら、どんなに大きなものでも平気だ」

と、答えた。センディはしめたと思った。

突然、センディは、あたりをキョロキョロ見まわしはじめた。そして、

「おい、今何か飛んでいったぞ」

と、言った。

「何も見えなかったぞ」

と、化け物が答えた。

「あっ、また飛んでいった」

化け物たちは、空を見上げた。

「ほら、また行く。ほら、そこだ」

と、センディがやるので、化け物たちもあたりをキョロキョロ見まわしはじめた。

突然「ツーッ」というかすかな音がした。センディが出したのだ。化け物たちは一斉に耳をそばだてた。

――ツーッ。

また聞こえる。化け物たちはふるえ出した。

「あいつがいるぞ。どこにいるかは見えないけれど、近くにいる。早いとこ逃げた方がいい。ここから逃げた方がいい」

そう言うと、化け物たちはセンディの方を見た。センディは平然としている。

「ツーッ」

また聞こえた。化け物たちは、連れだって逃げだしはじめた。

「ツーッ」

逃げ足は、どんどん早くなっていく。センディは少し声を大きくして、

「ツェーッ！」

と、やった。化け物たちはもう夢中で走り出した。あっと言う間に向こうの山の上まで逃げて行ってしまった。そこでセンディはさらに大声をはりあげて、

「ツェエーツ！」

と、どなった。化け物たちは、ころげ落ちるように山の向こう側へ消えた。

「ツェエーッ、ヘッヘッヘ、ざまあみろ!!」

「自然」から「文化へ」

狩猟採集民のハンターたちは、獲物を仕留めるとすぐに腹を割いて内臓を取り出す。これには血抜きをして肉の味の劣化と腐敗を防ぐという実用的な意味もあるが、その場で生の肝臓を食べるという意味もまたある。彼らは無言のまま、肝臓の肉を分けて食べる。そうすることにより、たった今殺したばかりの生き物に残っている「力」がハンターたちの体内に入る。

そして一息ついてから、皮をはいで肉塊を切り出す。その肉塊を宿営地まで運ぶのは、ハンター自身ではなく女性の役割であることが多い。獲物に触れる手が男から女へと変わるのは、実は重要な意味を持っている。それは、この時点で自然界に属する「動物の死骸」が、人間の食べ物である（すなわち文化の領域に所属すべき）「肉」へと変化するからである。この重要な意味上の変化が、男の手

から女の手へ受け渡されるという行為によって象徴的に表されている。肉は女の手によって運ばれ、小さく切りきざまれ、さらに火の上で調理されて、最終的に食卓に供される「料理」となる。そしてその料理に最初に口をつけるのは、女ではなく反対の性である男になる。狩猟民の肉は、このようにめまぐるしく扱う手を変え、同時にその性質を変えていく。

狩猟民の肉にはもうひとつ重要な特徴がある。それは、狩猟によって手に入れた肉は仲間に分配されなければならないということである。一般互恵の原理に従い、肉は親族のネットワークを通じてその日のうちに人々に分配される。前章でも述べたように、分配を拒否することは、強欲であり反社会的であるとして非難の対象となる。肉を分配することは、個人間の社会的絆を確認することであり、信頼の証でもあるのだ。狩猟民にとって、肉は個々人の生命を支えると同時に社会の絆を支える重要なものなのである。

カイオワの古い伝説に次のような話がある。

ある所で一人の族長が鹿を仕留めた。そこに別の族長がやってきて分配を要求した。彼は胆嚢が欲しかったのだが、先の族長は与えようとはしなかった。そこで後から来た族長は怒り、部族を二分しての争いにまで発展した。そしてついにこの族長は、仲間を連れて北の方に去って行ってしまった。以来、彼らの消息は全く知られていない。

分配の拒否が集団の崩壊を意味したのである。今日のカイオワは、南に残ったグループの子孫である。

彩色ティピ

バファローの肉

カイオワは、モンタナに住んでいた頃は徒歩で移動する狩猟採集民であった。彼らの生態環境では大型動物の捕獲は困難であり、やや南に位置していたユート族やショショーニ族同様に、その生存をドングリ等の植物性の食べ物に大きく依存していたと思われる。

しかし、馬を獲得して大平原地帯へ進出するとともに、バファロー等の群生の大型草食動物から得られる豊かな肉に恵まれた、飢えを知らない狩猟民となった。そして、生活必需品のほとんどすべてを狩猟に依存するようになった。バファローの肉と脂身と内臓は食料に、角、骨、蹄等は生活道具の材料に、筋は糸や縄に、毛皮はローブや寝具に、またなめし皮は住居（ティピ）の材料となった。衣服の材料には、もう少し柔らかい鹿皮が好まれたが、カイオワは、彼らの生活に必要なものをほとんどバファローから手に入れていた。バファローこそが、カイオワの生活を支えていたのである。ちなみにカイオワは、バファローのことを「オンゴ・ピー」（我らの食べ物）と呼んでいた。

大量に獲れたバファローの肉は、薄く切って天日に干し保存食とする。その時、焚き火の煙で燻せば香りも保存性も向上する。干し肉は、生肉が手に入らない時や、移動中の食料となる。干し肉はそのまま火であぶって食べてもよいが、多くの人が好物としていたのは、それを石の上において木の棒で叩いて潰し木の実や草の実を混ぜて練り固めて作る〝ペミカン〟と呼ばれる肉だんごのようなものであった。それを水で煮て、スープのようにして食べるのである。

土器も鉄器も持たないカイオワにとって、スープを煮るのはちょっとした工夫がいる仕事であった。彼らは皮を広げて大きな袋のような形を作り、その中に水を入れる。次にその横で火を熾《お》こして、石を熱する。石が熱く焼けた時、その石をとって水の中に入れる。ジューという音とともに、石は水を温める。石の温度がさめたら取り除き、また焼けた石を入れる。これを何回かくり返すと、水は沸騰し肉は煮えて来る。熱く煮えたペミカンスープは、木や皮の器に入れ、木の匙ですくってフーフー言いながら食べる。

今日の食料採集

オクラホマのインディアンたちにとって、今では狩猟によって肉を獲得する機会はあまりない。スーパーマーケットを回って自分たちの所持金で買える食品を見つけることが、今日の食料採集活動となっている。彼らが最も好む食べ物は、やはり「白人のバファロー」すなわちビーフである。牛肉こそがインディアンの基本食であり誰もが喜ぶ食べ物なのである。だから他人の家を訪ねる時には、手みやげとして牛肉の塊を持っていくこともある。

牛肉はステーキとしてフライパンで焼いて食べることが最も多いが、戸外の焚き火で焼く方が好まれる。その時は、ペカンの葉を火にくべると燻し効果で香りが出る。牛肉の代わりに価格の安い内臓肉を食べることもある。塩で煮ただけの単純な味付けである。肉はたいていバターをつけない食パンといっしょに食べ、コカコーラで喉を潤す。野菜類はタマネギと青トウガラシ以外はほとんど食べない。肉が買えない時は、小麦粉を煮て作ったソースを食パンにかけて食べ、胃袋を満たす。私も何度か食べた。

時に、牛肉と脂身を乾燥した粒トウモロコシといっしょに煮て、スープのようにして食べる。トウモロコシは、昔からプエブロ農耕民との交易によって入手していたので、カイオワにとっては馴染みのある食べ物である。牛肉とトウモロコシのスープは、薄塩で味付けしただけの単純明快な味であるが、少量の青トウガラシや生タマネギをかじりながら食べると非常にうまい。これに加えて、小麦粉をこねてラードで揚げて作る揚げパンを食べることもある。これはもちろん保留地で習得した料理であるが、フライパンとほぼ同じ大きさの特大パンで、ラードをたっぷりと吸い込んでいる。暑く乾燥した気候の下では、これが非常に美味い。ただし、一枚食べただけで莫大な量のカロリーを摂取することになるので注意が必要だ。

私のカイオワ語の先生であるアガサは、私が揚げパンとトウモロコシスープが好きなのに気がついて、しばしば作ってくれた。彼女の家の扉を開けた時に漂ってくる匂いは、今でも覚えている。

アナダルコで毎年八月に開かれるインディアン・フェアーでは、揚げパンの上に細かくきざんだチーズとレタスと挽き肉を乗せたナバホ・タコスと呼ばれる食べ物が売店で売られる。これも非常に美味いが、含有カロリー量もまた強烈である。

今日、多くのインディアンの成人が、カロリー摂取の過剰と運動不足からくる肥満と、糖尿病や心臓病に悩んでいる。失明や足の切断を余儀なくされる老人の数も多い。健康問題もまた、白人との接触がもたらした大きな問題のひとつなのである。

私が調査をしていた頃、ボートピープルと呼ばれたベトナム難民の一群がオクラホマにやってきて新しい生活を築こうと努力していた。その様子を見ながらカイオワは、自分たちの突き出したお腹（カイオワ語で「ボウト」という）を指さして、「私たちもボウトピープルだ」と言って笑っていた。

魚肉のタブーと鯰釣り

財産の私的所有という米国の根本を形作っている原理を忠実に具現したように東西南北に定規で引いたように真っ直ぐ走る道路で区切られ、鉄条網のフェンスで仕切られたオクラホマの土地には、狩猟の対象となるような大型動物は生きていけない。かつてはカイオワの生活を支えていた野生のバファローも、今ではウィチタ山地の自然保護区に少数が生息しているのみで、捕獲は完全に禁止されている。そのために、オクラホマのインディアンにとっては、狩猟をする機会はあまり多くない。だからマンフレッドの小型トラックの背窓の上に架けられたライフルも、実は、野生動物めがけて発射されるよりもハイウエー脇の道路標識を的に発射されることの方が多い。

狩猟の代わりに、オクラホマでは農地の潅漑や飲料水の確保のために作られた池やダムが、魚釣りという新しいスポーツの場を提供するようになった。かつては魚を食べることさえほとんどなかったカイオワの男も、最近では魚釣りに夢中になる。

ある土曜日の昼下がり、フィルとマンフレッドが鯰釣りに行こうと言い出した。魚を食べることがタブーのカイオワも、鱗のない鯰だけは食べるのである。

我々は、マンフレッドのトラックに乗り込んだ。まず最初にしたのは、ポップ（ソーダ水のことをオクラホマではそう呼ぶ）を買って飲むことだった。道端の小店で赤いポップを3本と塩豆のようなコーンを買った。次に、釣り餌に使うミノーと呼ばれる生きた小魚と冷凍レバーを買い、そのついでに浮きを一摑み盗んで逃げるように店を出た。車に飛び乗るとエンジンをかけて走り出し、「今日最初の獲物だ」と言ってはしゃぎながらシロップのように甘いポップを飲んだ。

「ところでどこで釣るのか」と尋ねたら、「分からない」という。いつ帰るのかと聞いたら、それも「分からない」という。「やれやれまた始まった」と、私は心の中で思った。でもトラックの荷台にはテントも積んであるし食料もある。何日かかっても心配はいらない。

我々は、魚のいそうな池を探して西へ南へと車を走らせた。記録的な熱波のため、どこも水量が少なかった。そのうちに門柱に大きな鯰の頭骨をトロフィーのように乗せて飾っている家を多く見かけるようになった。「イヤホー、この辺には大きい奴がいるぞ」我々は興奮してきた。

夕方になって我々は周囲二マイルほどの人造湖を見つけ、やっと釣り糸を垂れ始めた。最初に生きたミノーを餌にしてみたがアタリは全くない。そこで、レバー、バッタと餌を次々替えてみたが、やはり魚は食わない。二人のインディアンはそのうちに飽きてしまった。そこで竿を使うのはやめ、水中に立つ枯れ木の間に糸を張りそこから餌をつけた針を何本も下ろして、一晩中魚がかかるのを待つことにした。その夜、我々は湖岸でキャンプをした。

翌朝、仕掛けた糸を点検に行ったフィルが真っ青な顔をして戻ってきた。枯れ木がビュンビュンと揺れており、三フィート以上もある巨大鯰が掛かっていたのである。大変なことが起きたらしいということが二人の表情から見てとれた。笑顔も冗談も全く消えていた。我々はその大魚を慎重に引き上げると、ほとんど無言のまま一目散に家へと急いだ。

マンフレッドの家に着いて、やっと二人の顔に赤味が戻った。我々は腕に大鯰を抱え、交代でポラロイド写真に収まった。「足が三本になった」と冗談もでるようになった。庭においた板の上で、狩猟用ナイフを使って頭を切り落とし、腹を割いて皮をはぐマンフレッドの手つきは、まさに動物の解体作業であった。

その日、多くのインディアンが鯰肉の分配にあずかり、その香ばしいフライに舌鼓を打った。マンフレッドの家の門柱には巨大な鯰の頭蓋骨が載せられた。バファロー狩を禁止されたオクラホマの狩猟民にとっては、池や湖にいる巨大な鯰やブラックバスがかつてのハンター魂を思い出させてくれるビッグ・ゲームなのである。

第8章 パウワウの風景

インディアンは一年を夏と冬の二つの季節に分ける。バファローの皮をなめして作ったキャンバスに一九世紀の数十年間にわたって部族の人々にとって重要な出来事を絵文字で記録したカイオワ族の年譜では、夏はサンダンスの儀礼小屋で表され、冬は枝葉を落とした立木で表されている。春と秋はない。

カイオワ部族旗を持っているのはフィルとマンフレッド

サンダンス

食料の豊かな夏季には、それまで小集団に分かれて各地に散らばっていたインディアンたちも一カ所に集まって長期間宿営することが可能になる。夏は、インディアンにとっては社交と外交の季節なのである。平原インディアンにとって年に一度の宗教的大祭であるサンダンス（太陽の踊り）もこの時期に開かれた。

サンダンスのためには、部族の全員が一箇所に集まり円を描くように宿営する。その中央には装飾を施されたコットンウッドの柱が建てられ、それを中心として儀礼用の小屋（屋根も壁もないスケルトンのような建物）が作られる。人々は、その周囲で四日四晩にわたり踊り続ける。

中でも圧巻は、若い戦士が勇気と忍耐力を競って誇示する荒行である。彼らは、儀礼小屋の梁から皮ひもを垂らし、その先につけた骨の針を両胸に通して宙づりになる。そのまま激しい痛みに耐えながら、できるだけ長く宙にとどまり、最後には自分の力で体をゆすって胸の肉をひきちぎって自由になる。同様に、両背に骨針を通して皮ひもを結び、その先端にバファローの頭蓋骨をしばりつけて引き回すという苦行も行われた。これもできるだけ長く苦しみに耐えながらはいずり回り、自分自身の力で自由になるのが良いとされた。平原インディアンの宗教観では、守護神の力は個人が払う犠牲と耐える苦痛の大きさに応じて授けられると信じられていた。したがってこの苦行も純粋な宗教行為だったのである。

カイオワもこのサンダンスを取り入れ、部族最大の宗教的儀礼として、毎年六月半ば頃に実施していた。しかし、なぜか自らを傷つけ痛めつける苦行だけは受け容れなかったようである。カイオワにとっては、儀礼中に血を流すということはたとえそれが事故であっても忌避すべきことであったという。サンダンスはまた、カイオワにとって自分たちを守護してくれる最も重要な「御神体」であるタイメ（暗緑色の石、青色のビーズ、白テンの生皮、および白い鳥の羽毛、等で作られた人形をした物体で、ふだんは世襲の指定保管人によって大切に保管されている）が、年に一度だけ人々の目に曝される時でもあった。

アガサの祖父は北方のアラパホ族の出身であり、カイオワの女性と結婚してそのまま南部平原に住むようになった男であった。彼は若い頃にサンダンスの荒行を体験しており、彼の両肩には老齢にいたるまで深い大きな傷跡が消えずに残っていた。彼は、当時のことを想い出し「自分はいやだったが周囲の雰囲気でやらざるを得なかった。バファローの頭蓋骨を引きずっている間は、激しい痛みを感じ、傷口には蠅やウジ虫がたかって、本当にみじめだった」と語っていたという。

サンダンスは、野蛮で残酷な風習だとして、政府とキリスト教宣教師によって強引に禁止されてしまった。しかし、北方部族の間では今も密かに行われている。

パウワウ

今日では、サンダンスの代わりに「パウワウ」と呼ばれる世俗的な集まりが夏にひんぱんに開催さ

ビーズとバックスキンドレス

れる。毎年五月頃からはじまり、七月四日の独立記念日をひとつのピークに、九月初旬の労働記念日（レイバーデー）頃まで、オクラホマではほとんど毎週どこかでパウワウが開かれていると言ってよい。インディアンのパウワウがしばしば米国の祝祭日と重なるように開かれるのは、言語学者の青木晴夫氏も指摘しているように、少数民族の集会に対するあらぬ疑いを避けるための防御的配慮であろう。

カイオワ語では「クンギャ」（踊り）と呼ばれるこのパウワウは、文字通り踊りを中心とした野外の集まりである。一日だけの小さなパウワウもあるが、正式には四日四晩にわたって行われる。期間中、遠方から来る者は会場周辺にキャンプする。近くに住む者は車で通ってくる。

パウワウは、インディアンにとってはハレの場である。特に主催者は、美しい伝統的なバックスキンのドレスやモカシンを着用する。大半の人は特に着飾ることもなく、ただビーズを身につけて現れる。ネックレス、チョーカー、腕輪、イヤリング、ベルト、髪飾り、何でもよいからビーズで飾ったものを身につけていれば、ハレの服装としてそれで十分なのである。ビーズとともにシルバー（純銀ではなく「ジャーマンシルバー」と呼ばれるニッケル合金）の装飾品も使われる。

パウワウの会場では、円形の踊り広場を取り囲むように人々が座る。その一部には、柳の葉を広げた陽除けの屋根が作られていることもある。広場の中央には、数名のドラマーが座る。期間中はドラマーの打ち出すリズムがパウワウ全体の精神を支配する（その点、日本の応援団や盆踊りの太鼓の役割によく似ているといえるだろう）。したがって、ドラマー（特にヘッド・ドラマー）の責任は重大である。ドラマーは、高い威信を認められた役割であり、その地位はたいていい世襲によって親族間で受け継がれる。

ドラマーを囲んで数名の歌い手が座を占める。歌い手は、ドラムの調子に合わせながら、踊りの歌を歌う。パウワウで歌われる歌は、ほとんどが明瞭な歌詞を持たず、ただ喉をふるわせ、楽器のように「エィー、ヤァー」というようなよく通る高い声を出し続ける。

人々は、ドラムのリズムと歌を背景に、丸い輪になって踊りを踊る。歌が変われば、踊りも変わる。インディアンは何種類もの歌と踊りを持っている。北米インディアンの踊りは、一般的に腰から上の上半身や両手両腕をほとんど動かさない。腕は曲げたまま、あるいは伸ばしたまま、胸や腰は前後左右に振ることなく、ほとんど固定した位置をとり続ける。その代わりに足は激しく移動する。胸や腰を激しく動かすアフリカや腕や手先を微妙に動かすアジア太平洋地域の踊りとは対照的な、独特のスタイルを示している。

パウワウは、完全に参加型のイベントである。だから一曲一曲の踊りが終わっても、拍手する者は誰もいない。拍手がおくられるのは、「うさぎ」と呼ばれる五、六歳くらいの子供たちのグループが踊った時だけである。

踊りは、毎日昼過ぎに始まり、夕刻まで続いて一休みとなり、食事がふるまわれる。そしてあたりを闇が覆うころまた再開され、深夜まで続く。多くの大人や老人は、それで一日の踊りをやめて休むが、若者たちはさらに踊りを続けることもある。この深夜の踊りは、「フォーティーナイン」と呼ばれる。この名前は、一八四九年のゴールドラッシュの時に一攫千金を求めてやってきたいわゆるフォーティーナイナーズからきている。彼らのほとんどが飲んだくれて千鳥足で歩いていたことから、深夜過ぎに酩酊状態で踊るダンスをフォーティーナインと呼ぶようになったのである。パウワウでは、通常酒の持ち込みは禁止されているのだが、夜になるとどこからともなく運び込まれ、深夜を過ぎる頃には多くの酔漢が出現する。そして最後には喧嘩が始まる。

フォーティーナインの歌に次のような英語の詞がある。

We got drunk in Porter Hills,　　俺たちはポーターヒルズで酔っぱらい、
Sobered up in Lawton Jail.　　ロートンの監獄で目を覚ました。

ロートンとは、オクラホマのインディアンを監視する目的で作られた米軍のシル砦がある町である。昔からたくさんのインディアンがそこに収監された。

ジェロニモとワトソン老人

シル砦に収監された有名なインディアンの中にジェロニモがいる。ジェロニモは、チリカワ・アパッチと呼ばれるアパッチの一集団の指導者であり、白人の侵略者に対して最後まで果敢にゲリラ戦を挑んだ。しかしついに降伏し、全員囚われの身となってフロリダに送られた。その時期にフロリダで生まれたというアパッチの老人に、アナダルコとロートンの中間にあるアパッチという小さな町で会った。ワトソン老人である。ワトソン老人は八六歳という高齢であったが、すこぶる健康で、今でも毎日二マイルのジョギングを欠かしたことがないと言っていた。

ジェロニモのグループは、フロリダでの囚人生活を終えると、今度はオクラホマのシル砦に送られ、再び捕虜としての生活を強いられた。その後やっと自由の身となりアリゾナの故郷に帰ることを許されるが、彼らの多くがそのままオクラホマに留まることを選び、今日のフォート・シル（シル砦）アパッチになった。

ジェロニモは一九〇九年（ワトソン老人が一四歳の時）に死んだ。彼の遺体はシル砦の一隅に埋められた。しかしある嵐の夜、数人のアパッチが砦に忍び込み、遺体を掘り出してどこかに隠してしまった。砦の兵士たちが必死になって探したが、どうしても発見することはできなかった。

時が経ち、当時の顚末を知るアパッチたちはみなこの世を去った。そしてついにワトソン老人一人が残るのみとなった。

ある日、陸軍の兵士数名がワトソン老人の家にやってきて、ジェロニモの遺体について尋問した。ワトソン老人は、大昔のことでもう覚えていないと、おとぼけを決め込んだ。いくら尋問しても老人は何も答えない。そこで兵士たちは、老人を昔インディアンが住んでいた草原に連れ出した。現場近くまで行けば老人は口を割るかもしれないという、かすかな期待があったのである。少しの表情の変化も見逃すまいと注視している兵士の目をよそに、老人は日頃鍛えた健脚で歩き回った。歩き疲れて最初に腰を下ろしたのは若い兵士の方であった。

歩きながらワトソン老人は、時々立ち止まると草地を指し、「昔ここにアパッチの家があった」と言う。そんな形跡は全く残っていない。兵士はあきれ果てて、この老人は普通ではないと結論して帰

ウィチタ・ポウェニー・パウワウ

パウワウでショールをもらう

っていった。
あんなに広い草原で、どうして昔アパッチの家があった場所が分かるのかと、老人に聞いてみた。彼の答えは単純明快だった。アパッチは野生のプフムが好きで、よく食べたものだったという。みな家の前のポーチに座り、プラムをかじってはその種をはき出す。だからアパッチの家の前では、家の形に並んでプラムの木が生えているのだ。家は朽ち果ててもプラムの木は今も残っている。

団結のためのパウワウ

パウワウは、様々な目的で、様々の個人や集団によって開催される。カイオワの場合、ブラック・レギング・ソサエティーとかゴード・クランといった、部族内の派閥ともいうべきかつての戦士集団を模した集団によって実施されるものが、規模も大きく華やかである。各集団の開催するパウワウには、他の集団が招かれ、食事のふるまいを受けるとともに贈り物が渡される。招かれた集団は、お返しに自分たちのパウワウに他の集団を招く。部族内の諸集団が開催するパウワウは、完全に互恵的であり、互恵関係の輪の中に留まっていられる限り、お互いの地位は尊敬され社会的絆は強固に保たれている。

一九六〇年代の初頭、カイオワ・アパッチ（最近では「ナイシャン」とも呼ばれる）が、彼らの伝統儀礼「マナトディ」を数十年ぶりに復興した。古い文献やオクラホマ大学の人類学者の助けを借りながらの復活であったが、そのお陰で、カイオワ・アパッチは、再びカイオワの諸集団と対等な互恵関係を維持できるようになった。このことは、インディアン世界における彼らの地位とプライドを大いに高めた。

異なる部族がパウワウの作る互恵関係で結ばれ、長期間平和に共存している例もある。ウィチタ族とポウェニー族は、過去百年以上にもわたって友好関係の証として、毎年交互に自分たちの土地に相手を招いて饗宴を開き贈り物をするという慣習を守り続けている。その慣習は今日「ウィチタ・ポウェニー・パウワウ」として知られている。

ある暑い夏の日、私はバーディナとともにポウェニーの土地で開かれるパウワウに出かけた。バーディナはウィチタ、当時まだ三〇代であったが、彼女には既に孫があった。バーディナと彼女の娘と生まれたばかりの孫娘が一台の小型トラックに乗る。他の一台の車には、彼女の両親と祖母が乗った。こうしてウィチタ族の母系五代が、そろってパウワウに出かけたのである。

会場となった草原にはテントが立ち並び、多くの人々がキャンプしていた。風が吹けば砂埃の舞い飛ぶ、乾ききった真夏の大草原でのキャンプは決して快適とは言えないのだが、インディアンは老いも若きもここに泊まって数日を過ごす。

パウワウの最終日、ポウェニーは、金網の上であぶった牛肉を山のように積み上げて人々にふるまった。それを最初に男が食べ、次に女が食べる。食事が終わると、いよいよ贈り物の儀式が始まる。ドラムと歌に合わせて、一曲踊るごとにポウェニーが前に出てきてウィチタの友人の名を呼び、贈り物を手渡す。毛布とショールが最も一般的な品物であるが、石鹸箱やプラスチックバケツのような小さな日曜品も贈られる。贈り物の量と価値は、関係の重要さと緊密さに比例する。昔は馬が贈られたこともあったというが、今ではほとんどない。

ウィチタの肩に毛布やショールが掛けられ、両部族の友人たちは一緒に並んで一曲踊る。曲が終わると、また次のポウェニーが出てきてウィチタの友人の名前を呼ぶ。人々は観覧席の後ろにもまわり、そこでも贈り物が手渡される。その際、初めて見かけた人にも、これから近づきたい人にも贈り物が渡される。私も何人かのポウェニーに握手を求められた。握手をする手の中には、二、三枚の一ドル紙幣が握られていた。プラスチックの石鹼箱をくれた老婆もいた。次は私が返さなければならない番なのだが、いまだに果たせていない。

これが何回かくり返され、ポウェニーのトラックにいっぱいあった毛布はすっかりなくなってしまう。反対にウィチタは、大きな袋にいくつも抱えきれないほどの贈り物を手にすることになる。バーディナのトラックの荷台も、もらった贈り物でいっぱいになった。帰り道、ご機嫌のバーディナに私は「こんなにたくさん毛布をもらってどうするのか」と聞いてみた。彼女は、「別のパウワウで他の部族の人々にくれてやるのだ」と答えた。ひとつのパウワウから別のパウワウへ、大量の毛布が人の手を代え部族の手を代えて大平原をぐるぐる回っているのである。ウィチタもポウェニーもまたカイオワも、より大きなインディアン世界の輪の中で互いに繋がり合って生きているのだ。

個人のためのパウワウ

パウワウは、特定の個人のために開かれることもある。例えば、成人した息子や娘を部族社会の人々に正式に紹介するためにパウワウを開く。それは、ちょうど西洋の社交界にデビューする娘のために開かれる舞踏会にも比せられるだろう。そのようなパウワウでは、ホストの家族によってたくさんの肉と贈り物が用意され、部族の有力者をはじめ多くの人々が招かれる。そのために家族が消費する財は相当のものになる。フィルは三〇代前半の男性であるが、数年前に彼がカイオワの部族事務所で職を得る際には、やはり相当の犠牲を払ってパウワウを開き、部族の人々に承認してもらったと、彼の母親が誇らしげに語ってくれた。

一九八一年八月のある日、私は、傑出したインディアンの一人として認められてインディアンの殿堂（インディアン・ホール・オブ・フェイム）に飾られる故クリーダス・プーローの胸像の除幕式に参加する機会があった。プーローは、その父と祖父の後を継いで米国陸軍の兵士となり、第二次大戦、朝鮮戦争、ベトナム戦争という三つの戦いに参加した。彼は根っからの戦士で、いつも何かにとり憑かれているように「怒って」おり、戦場でもほとんど恐怖を感じることがなかったらしい。そのためか、彼の戦績は傑出しており、四つのシルバー・スターを含む総数四二の栄誉と勲章を獲得している。そして一九六七年、四五歳の時にベトナムで負傷した友軍を救出する作戦に従事していた時に戦死した。それから一〇年以上経って、彼はこの名誉に浴することになったのである。

プーローの記念銅像
未亡人と子供たち

除幕式は、パウワウの形をとって行われた。この名誉の日のために、未亡人と息子夫婦たちが、一年半以上かけて準備を重ねてきた。ありったけの資金をつぎ込んで、贈り物とする毛布や布地をたくさん買い込み、女たちはショールを縫った。それは彼らにとって大変な仕事だった。

当日、親族たちは最高の民族服を着て会場となった芝生の広場に現れた。財団理事による短いセレモニーの後、ドラムがたたかれ、歌と踊りが始まった。そして一曲毎に親族が立ち上がり、プーローを殿堂に加えるために尽力してくれた人々に対する感謝の言葉が述べられ、用意した贈り物が手渡された。それが何度も何度もくり返され、指名されたすべての人の手に贈り物が渡った後、今度は芝生の上にショールや布地等の品物がいくつも並べられた。未亡人が、「プーローの栄誉を祝福してくれる方は誰でも前に出てきて受け取ってください」と言った。何人かの人々が立ち上がり、好きな品物を取ると、立ち並ぶ親族たちと握手をした。再び品物が並べられ、今度は「遠方から来た方に受け取って欲しい」と言う。また何人かが前に進み出て品物を取った。私も布地をひとつもらって親族たちと握手をした。それは淡いオレンジ色のショールを作るためのアクリル生地だった。

儀式がすべて終わり自宅に戻った親族たちの顔には、大きな責任を立派に果たせたという安堵感と、そのためにすべての財を使い果たしてしまったという空虚感が同居しているように見えた。それにしても、生前のプーローは何に対して怒っていたのだろうか。また一生の間、インディアンには何の危害も加えていないアジアの同胞相手に、なぜ戦い続けたのだろうか。

プーローの胸像は、アナダルコの東端にあるインディアンの殿堂（野外公園）に、セコイヤ（チェロキー族）やチーフ・ジョセフ（ネス・パース族）といった歴史に名を残した偉大なインディアンたちといっしょに並んで、静かに町を見つめている。

大都市のパウワウ

今日、多くのインディアンが故郷を離れて様々な大都市で暮らしている。大都市部でも時々パウワウは開かれる。ただし、都市部の状況はオクラホマの田舎とはかなり異なっている。まず第一に、ひとつの部族だけでパウワウを開催することが困難で、複数の部族の個人が集まって作る団体の主催という形をとることが多い。そのため、必然的に汎インディアン主義的な性格を持つことになる。

汎インディアン主義的運動では大平原のインディアンの文化がエスニックシンボルとして利用される。そのため、多くのインディアンが、自らの部族的出自の如何を問わずに、スー族やカイオワ族に似た衣装を着けて現れ、平原インディアンの様式に従ったやり方でドラムをたたき、踊りを踊る。音楽は録音テープで代用される場合もある。時には、ありがとうを意味するカイオワ語の「アホウッ」という言葉が、司会者によってやたらにくり返されたりする。

都市のパウワウは、公園やYMCA等の公共スペースで開かれる。四日四晩続くことはなく、たいていは一日で（それも数時間で）終わってしまう。会場の周囲には、飲食物やエスニック工芸品を売るワゴン車が並ぶ。都市のパウワウは、参加型のイベントではなく、自分たちのエスニシティーを誇示するための演技型のイベントなのである。観客もその大半が非インディアンで占められる。そのため

ダンスの開始
インディアンエキスポジション

一曲終わる毎に拍手が起きる。贈り物の授受はめったに行われない。

大都市のパウワウは、時にエスニック集団の境界線をめぐるせめぎ合いの場となることもある。都市部に住む黒人とインディアンの混血たち（あるいはそう主張する人々）は、自らの民族的アイデンティティを「インディアン」と考え、他のインディアンたちから承認されることを渇望する。インディアンになることは、黒人にとってアメリカ社会における人種の序列を上昇することを意味するのである。

ところがインディアンの立場からすれば、人種の序列の下位に位置する黒人を仲間に加えるのは得策ではないし、そもそもインディアンの目から見れば、黒人も白人と一緒にやってきた侵略者に変わりないのである。したがって、インディアンたちは黒人が入ってくることを望まず、あくまで拒否しようとする。

そこで黒人たちは、インディアン・エスニシティーの象徴であるビーズやシルバーの装身具や羽根飾りを身につけてパウワウにやってくる。彼らは、ダンスにも参加する。しかしその体の動きは、胸や腰を前後に激しく揺するアフリカン・スタイルである。彼らがとる手拍子のリズムもまたアフロ音楽のものであり、時にインディアンがたたくドラムのリズムを完全にうち消してしまうほど強烈である。そこではエスニック集団の境界線をめぐってふたつの文化的伝統が激しくぶつかり合っている。そうとは気づかずにアフリカン・リズムで懸命に「インディアン・ダンス」を踊る黒人たちと、それに対して睨みつけるように冷たい視線をおくるインディアンのドラマーたちの間には、連帯感は生まれない。

　パウワウの後には、場所を移してフォーティーナインが開かれることもある。私が参加したニューヨークのフォーティーナインは、ローアーイーストサイドのスラムで行われていた。家具らしきものは何もなく、ペンキもはげ壁もくずれて穴があいたアパートの一室で、泥酔して踊っているインディアンたちの姿には、オクラホマで見た明るい興奮はなく、実に寒々としたものであった。

　パウワウが示すこの多様な姿は、今日のインディアンの複雑多様な状況を如実に物語っている。

第9章 インディアンと酒

飲酒の伝統のないインディアン文化

煙草をはじめとする多くの常習性の喫飲植物がアメリカ大陸に原産するものであり、古くから先住民によって利用されてきたという事実はよく知られている。今日でも、煙草やペヨテ（強い幻覚作用を持つサボテンの実）は、彼らの文化の中に深く根を下ろしている。

たとえば、彼らはひとつのパイプに詰めた煙草をみなで回し飲みするという儀式によって、平和の意思と信頼を確認し合ってきた。赤い石を掘って作る火皿と長い木製の柄からなるいわゆる「平和のパイプ」は、今日でもインディアンの団結と指導者の威信を示す重要な政治的象徴の道具となっている。また、干したペヨテをかじることによって生じる幻視体験は、「ペヨテの道」と呼ばれるネイティブ・アメリカン・チャーチの信仰にとって必要不可欠な地位を占めている。それらは決して乱用されることはない。

ところがインディアンには飲酒の伝統がなかった。このことが彼らに致命的な打撃を与えることになった。土着の煙草やペヨテの利用に関しては見事に統御できる文化が、外来の酒に関しては全く無力で無抵抗だったのである。そこで白人商人が持ってきた「火の水」は、まさに草原を焼き尽くす野火のように、際限なくインディアンたちを飲み込んでいった。

インディアンの飲酒光景

飲酒の文化があるとはどういうことだろうか。ひとつに、それは酒が手なずけられ社会化されているということである。ちょうど平和のパイプの交換やペヨテ儀礼がそうであるように、飲酒も多くの微妙な規則に支配された社会的な行為となってしかるべきなのである。ところが、インディアンの飲酒には、そのような洗練された文化的規則の存在はほとんど見られない。彼らは、ただアルコールを消費するために酒を飲む。そこには、酒宴の楽しさも、華やかさもない。飲酒の持つ、社会的、社交的、文化的側面が、完全に欠落しているのである。それは実に悲惨な光景である。

目の前に幾箱も積み重ねられた缶ビールを、次々と喉に流し込んでいく。喜びもなく、笑いもなく、連帯感も友情も湧くことはない。ただひたすら、目前のアルコールを消費するだけなのである。酔いが回るにつれ、必ずといっていいほど人々の感情は荒れ、人間の持つ愚かさと残酷さばかりが表に表れる。それは実に陰惨な光景である。しらふの時には牛のように優しい男が、アルコールが入るとヒグマのように凶暴になってからんでくる。それには私も閉口した。

インディアンが一度酒を飲み始めたらもう終わりがない。彼らの好むのがビールを中心とするライト・リカーであることも災いして、飲酒は完全に日常的な時間の枠外にはみ出した行為となる。そこで、二日間でも三日間でも、時には一週間でも、完全に意識を失って昏倒するまで飲み続ける。食事もとらず休息もとらず、目が覚めている限り、ただひたすらアルコールを体内に流し込み続けるのである。

仕事を持っている男は、これを二、三度やったら間違いなく白人のボスに首を切られるだろう。奨学金をもらっている学生は、落第して学資を失うことになる。分かり切ったことなのだが、同じ光景が毎年繰り返される。私は、オクラホマを訪れる度に、優秀な若者が飲酒が理由で大学を放校になったり、前年まで部族事務所で働いていた男が酔ったあげくの口論で妻を殺して投獄されたりして、幸福な家庭や生活が無惨に崩壊していくのを何度も見た。インディアン世界では殺傷事件や人身事故のほとんどに、酒が関与しているといっても過言ではない。

もちろん、問題の根元は酒そのものではない。酒に酔った男が、帰宅途中にクリークに落ちて溺死したり、踏切の真ん中で倒れて寝ていたところを列車にはねられて死んだりする「事故」も、実は自殺である可能性が非常に強い。なぜなら、乾燥気候で雨の少ないオクラホマで（それも夏季に）、人が溺れるだけの水量を持ったクリークなど容易に見つかるものではないし、わずかに貨物運搬用に残されている古い線路を列車が走るのは週に一～二度しかない。酒場から自宅まで何マイルも歩く道のりの中で、たまたま踏切の上で列車の通る時刻に眠り込む確率は一体何パーセントぐらいなのであろうか。過度の飲酒は、絶望的な状況からの逃避という側面を強くもっている。

インディアンの青年期

インディアンのアルコール問題のもうひとつの特徴は、若い年齢層に異常に高い頻度で発生するということである。特に、男女を問わず一八歳から三〇歳ぐらいの間の年齢層が深刻である。その原因は、彼らのおかれた社会的地位にあると思われる。

もともと平原インディアンは、一人前の男として認められるまで、かなり長い青年期を過ごさなければならない社会だった。一五歳ほどで体力のついた少年は、バファロー狩りに加わり、さらに（あくまで自発的に）戦争にも参加するようになる。そして一〇年あまりの時間をかけて、徐々に実績を積み重ね、自分の能力を証明する。そうして初めて本当の大人として認められるのである。カイオワ語では成人男子のことを「キャー・ヒーン」（本当の男）という。カイオワの青年期は、自分の力を世界に思いっきりぶっつけて、本当の男として認められるための時期だったのである。

狩猟や戦争に参加しない女性は、かなり若いうちに最初の結婚をする。その相手は、かなり年上の「大人」の男性であるのが普通であり、彼女は結婚とともに安定した大人の生活に入ることになる。したがって、女性が大人（カイオワ語では「マイー」と呼ばれる）と認められるのは、同年齢の男性よりずっと早いことになる。

大人のための通過点

しかし大平原からバファローが消え、政府保留地に封じ込められて、戦争や略奪のための遠征が禁止されるとともに、インディアンの若者たちは、自分自身の力で大人になる手段を失ってしまった。彼らはただ、大人として認められる順番が来るのをじっと待つより他にできることがなくなった。年齢に基づく経験の蓄積と序列を重んじる平原インディアンの社会では、それは三〇歳を越える年齢となる。

今日のインディアンの青年期は、長い無為な我慢比べのサバイバル競争のように見える。一八歳で政府経営の全寮制インディアンスクールを追い出されるとともに、彼らは「自分の力を証明する手段を奪われた世界」に投げ込まれる。そして最初のアルコールの洗礼を受ける。

インディアンの若者の多くが（かつては徴兵され今では志願して）軍隊に入る。兵士となって遠征するということは、過去の戦士の姿を思い起こさせるので、インディアンにとっては決して不快なことではない。彼らは努めて勇敢に行動する。しかし軍隊の持つ厳しい規律と人種差別の現実は、早めに除隊してもとのインディアン社会に帰ることを彼らに選択させる。そして再びアルコールに浸り、しばしば無軌道な行動に走る。人類学者のルース・ベネディクトは、日常より非日常を、平凡より極端を求める平原インディアンの「ディオニソス的」心性が、過剰な飲酒に向かわせると指摘した。

そのような若者たちの行動を見ても、青年期は「狂気の時代」だからと、大人たちはたいして深刻に受け止めずに容認してしまう傾向がある。かつて彼らの曾祖父たちが馬を略奪するためにメキシコまで遠征し、仲間の名誉や安全を守るために他部族や米国政府軍と血まみれの闘争を繰り返していた「狂気の時代」を、今日の若者たちは、過度な飲酒と無軌道な生活に置き換えているのである。

でも彼らにとって他に何ができるだろうか。オクラホマではインディアンにとって雇用の機会はきわめて少ない。最大の雇用主であり高い威信を認められているのが、「トライバル・オフィス」と呼ばれる部族事務所（日本の町村役場に相当）であるが、政治的な役職は、伝統的な年齢階層では「大人」が占めることになっており、若者がその地位を望むのは、文字通りまだ十年早いのである。そのような状況で、アルコールの誘惑に抗し続けることは至難の技である。インディアンのほとんどが、若い頃に一度はアルコールの悪癖に浸り込む。

しかし三〇歳にさしかかる頃、彼らにも岐路が訪れる。アルコールを断ち切って責任ある大人の世界に参加し始めるか、それとも今までの生活を続けるか。飲酒をやめるのは、たいていペヨテの力を借りて行われる。飲酒を禁ずるネイティブ・アメリカン・チャーチに加入を許されることを契機としてアルコールから離れるのである。そうした者は、理由の如何を問わず一滴も酒を飲まなくなる。やめない者は、たいてい肝臓障害や糖尿病に罹って早死にをする。彼らは本当の「大人」になれないまま死ぬのである。それはこの上なく無念なことにちがいない。

パスカルの死

パスカルは六〇年代半ばに徴兵され、カイオワの父や兄弟たちと同じように、志願してベトナムの戦場に行った。しかし作戦中にベトコンが仕掛けた地雷を踏み、片足を吹き飛ばされてしまった。功なく本国に送り返され病院から出た彼の足には義足がつけられていた。

除隊した彼は、アパッチにある祖母の家に帰った。その家は、カイオワ・アパッチ族の旧保留地が開放されて私有化された時に政府から与えられた一六〇エーカーの草地に建てられた家であり、まさに周囲から孤立した草原の一軒家であった。その小さな家でパスカルは、周囲の人々と交わらずにひっそりと暮らすようになった。誰かが訪ねてきても、気が進まない時には、戸口に出て来ることさえしなかった。

片足を失ってはいたが、彼は義足でバイクに乗ることを覚え、それを馬のように自在にあやつってどこへでも行くことができた。彼はいつもたった一人でバイクに乗り、誰にも告げずに旅に出て、いつの間にか家に戻った。時々ロートンの酒場に出かけて泥酔することはあったが、それ以外は兄弟や友人たちに会うこともあまりなかった。

そんな風であったから、彼は自分のことをほとんど他人に話さなかった。ベトナムでの戦闘のことも、足の負傷のことも、何も言わなかった。そんな彼が、ある時兄弟に自分の気持ちを語ったことがあった。それはバイク事故のことだった。

ある夜、彼は隣町の酒場で酒を飲み、泥酔状態で深夜の田舎道をバイクを駆って帰る途中バランスをくずして転倒し、クリークの中に落ちた。正気に戻って浅い川の中で身を起こし周囲を見回すと、自分の義足がぷかぷかと浮かんでいた。彼は、それを見た時ほど自分自身を情けないと感じたことはなかったという。

パスカルは、兄弟たちとは違って、ほとんどカイオワ・アパッチの祖母一人の手で育てられた。そのために同世代のインディアンの中でも、特に古い知識や慣習をよく知っていた。ビーズ細工や銀細工の技術もしっかりと身につけていた。彼は、ほんとうに気が向いた時にだけそのような細工物をしたが、その腕前はすばらしいもので、溢れるような才能を感じさせた。

私は一度パスカルの家を訪ねたことがある。実は、それ以前にも何度か彼の家まで行きドアを叩いてはみたのだが、いつも返事がなかった。その時もダメだろうと半ばあきらめながらドアを叩いたら、思いがけなく彼が現れた。「その日パスカルはよほど機嫌がよかったんだろう」と、後でその事を知った彼の兄弟たちが笑いながら私に言った。

パスカルは、ほとんどはしゃいでいるような笑顔をもって私を家の中に招き入れ、冷蔵庫からポップを出して飲ませてくれた。それから自分の仕事場に案内した。光のほとんど入らない暗い部屋の中央に古い大きな木の机があり、その上には銀細工用のハンマーや鋼製のスタンプが雑然と並んでいた。パスカルは「自分は銀細工が好きだが、本当に気が向いた時しか作らないのだ」と苦笑しながら私に言った。そして、引き出しの奥の方から薄い金属板で作ったベルトバックルを取り出し、「これは若い頃に自分が初めて作ったものの一つだ」と言いながら私にくれた。

確かにそれはちょっと厚めのブリキ缶を切り取ったような粗末な素材で作られた習作のようなものだったが、素朴なデザインはかえって古い時代のインディアンの意匠を感じさせて魅力的だった。「あんたが将来有名になったら、このバックルはすごい価値が出るだろう」と言うと、彼は面白そうに笑った。

パスカルは、一種独特の神秘的ともいえるような容貌と人格的な雰囲気を持っていた。それは、私の印象では、部族の呪医たちが持つものと共通したものだった。私は、パスカルは年齢を重ねるとともにいつか呪医としての評判を獲得するのではないかと密かに期待した。呪医となったパスカルを通じて、祖母から受け継いだ知識が部族の人々に伝達され広まる。私はそんなことを希望的に想像していた。

しかし、現実は私の期待通りにはならなかった。その後パスカルはますます世間から遠ざかるようになり、バイクに乗って遠出することもほとんどなくなった。多くのインディアン同様、彼も糖尿病に冒され、ついには人工透析も必要なほどになった。しかし、彼は医師の助言には全く耳を貸さず、自分の生活習慣を変えようとはしなかった。

病状は徐々に悪化した。そしてある日、透析に現れなくなったパスカルの安否を心配した親族が家を訪ねてみると、彼は意識を失った状態で床の上に倒れていた。既に肝臓と腎臓の機能が崩壊状態にあったのみでなく、肺炎を併発して呼吸困難に陥っていたのである。インディアン病院の医師も、もはや手の施しようがなかった。人工呼吸器を取り付けられたパスカルは、そのまま意識を回復することもなく数日後に息を引き取った。あれほど豊かな才能を感じさせたパスカルもまた、成長し尽くすことなくこの世を去ってしまったのである。

女性の飲酒問題

伝統社会に比べてジェンダー差があまり強調されなくなった今日の社会では、女性もまた深刻なアルコール問題に侵されている。若い年齢で結婚するのが一般的であったインディアン社会では、今でもたいていの女性が若いうちに（多く二〇歳前に）結婚し、出産と育児の問題に直面する。しかし今日の初婚の相手は、一世代上の「大人」ではなく、同年齢の「まだ大人になっていない」若い男性である。彼らの地位や生活は、安定からはほど遠い。そこで若い女性たちも、彼女たちと同じように若い夫や恋人といっしょに、自分ではコントロールのできない飲酒癖にはまりこむ。そのため育児はきわめて困難になる。

そこで幼い赤ん坊や子供たちの世話をするのは、既に「大人」になって落ち着いた女性親族の役割になる。そのため、多くの子供が祖母や伯母の手で育てられる。つまり実の母親よりかなり年上の女性に育てられるのである。このことが興味深いことに、パスカルの場合のように、インディアンの子供たちに保守的な価値観を維持させるひとつの力となっているらしい。

時に、子供の養育義務をめぐる対立が娘と母（あるいは義母）との間で発生することがある。私が親しくしていたある家族でも、手に負えないほどの飲酒癖に陥った若い母親に代わって彼女の夫の母（つまり子供の祖母）が子供を引き取って育てていた。それに対して、後日その女性の親族が子供の返還を要求して裁判沙汰になった。また、アルコール依存症の娘の育児ぶりを見かねた母親（祖母）が、学校の帰り道に子供を強引に自分の家に連れていってしまうということもあった。インディアン世界では日常的なこれらの出来事も白人世界の法律では重大事件とみなされ、裁判所やＦＢＩが介入する騒ぎとなる。

つむじ風の女

いつも家に落ち着かずに飛び回っている女のことを、カイオワ語では「モトイギャ・マイ」（つむじ風の女）という。酒に浸り、子供を放ったらかしたまま酒場を渡り歩いている若い女は、さしずめ今日のモトイギャ・マイである。つむじ風のような女をつかんでしまうと、男はひどいめにあう。

☼センディ、つむじ風の女と結婚する

センディがやってきた。と、一人の女に出会った。それはとてもきれいな女だった。そこでセンディは言った。

「俺と結婚しよう」

しかし女は、いやだと言った。

「わたしはとても動き回る女でね、一箇所にじっとしていることがきらいなのさ。いつもあちこち飛び回っているんだから」

「おいらも同じで、あちこちふらつき回っているんだよ」

「わたしは本当に動き回りすぎるの」

「それでもいいから、いっしょに暮らそう」

「それなら試しに一緒になってあげる」

と女が言った。

「そうだとも」

センディが言い、彼らは結婚した。

そこで女が言った。

「さあ行くわよ。わたしの袖をしっかり握って。決して手を離すんじゃないよ」

「わかった」

センディは女の袖を石のように硬く握った。そこには崖があったが、二人は、その崖を踊るように昇りだした。崖のあっちこっちにぶつかりながら、どんどん昇った。センディの足は石にぶつかり、木にぶつかった。矢筒もゆるんで落ちてしまった。女は、奇声を上げながら、木の間を縫うように通りぬけて行く。そして突然、急上昇をはじめた。センディはたまらず手をはなしてしまった。あっという間にセンディは落下し、地面にいやというほど身体を叩きつけられた。

しばらくしてセンディは息を吹き返した。目をあけて上を見ると、崖の上から女が見下ろしている。

「あんた、どうしてそこで寝ているの？」

女が尋ねた。センディは腹を立て、右手を握って投げるように開くと、言った。

「これでもくらえ。誰がお前なんかと結婚するか。そんなところにいやがって、このろくでなしめ」

すると女は笑い出した。

「だから言ったでしょう、わたしはだめだって。動き回りすぎるって言ったでしょう。それでもいいから結婚したいと言ったのはあんただよ。それなのに自分から手をはなして……」

「おまえはいったい何者だ」

「アハハハ、わたしはつむじ風の女さ」

女は笑い声とともに飛び去っていった。

＊

カイオワのジョンはインディアンとしては珍しい自動車修理工だった。穏やかな性格の働き者で、朝から晩まで油まみれになってよく働いた。しかし彼の妻は、社交好きで酒を飲むことが大好きな女だった。ジョンが仕事から帰ると、妻は毎晩ビールを飲みに彼を連れ出した。

酒場から酒場へ、毎晩ジョンは妻といっしょに飲み歩いた。それでも飲み足りない時は、店からビールを買ってきて家でも飲んだ。お陰でジョンの家には家財道具などひとつもなく、ただビールの空き缶ばかりが増えていった。

ある日のこと、ジョンは仕事を終えて帰宅した。家の中に入ると、目の前にはビールの空き缶の山が横たわっていた。それを眺めているうちに、今の生活がたまらなく嫌になった。ジョンは、ビールを飲みに行こうとせがむ妻を家から追い出した。以後、彼は一滴も酒を飲んでいないという。

「ジョンはつむじ風の女をつかんじまったのさ」。彼の今の妻は、笑いながらこの話を語ってくれた。

第10章

インディアン流子育て

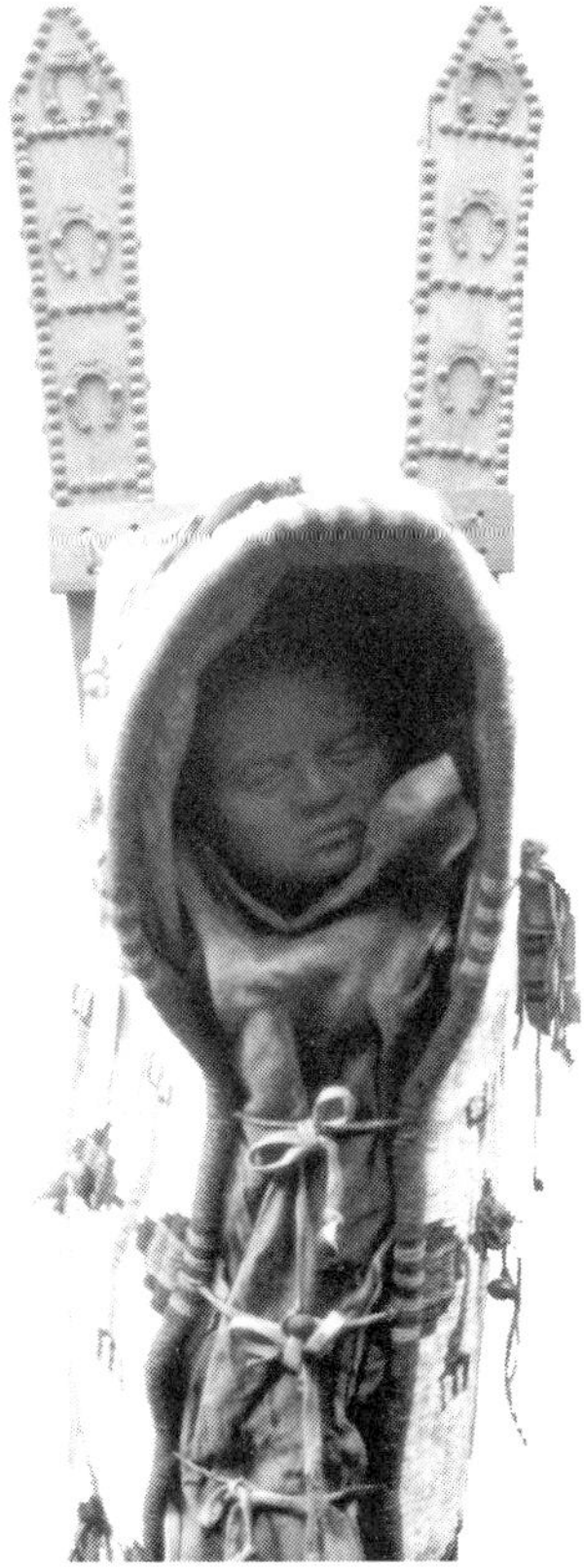

平原インディアンの寝かせ板

一箇所に定住することなく移動生活を続ける狩猟民族の女性にとって、赤ん坊を常に安全に運ぶのは容易な仕事ではなかった。

寝かせ板

日本人やエスキモーのように背中におぶうことをしなかった平原インディアンは、寝かせ板(クレイドル・ボード)と呼ばれるような道具を使って赤ん坊を運んだ。これは木と皮で作った袋つきの背負い子のようなもので、赤ん坊は皮の袋の中に入れて固定される。顔だけは外に出ているが、両手足はしっかりとひもで板に縛りつけられ、身動きひとつできないようになっている。母親はこの寝かせ板を、移動時には背中に担いだり馬にくくりつけたりして運び、宿営時には木の枝に架けたりしておく。そうすることによって、誤って馬や人間に踏みつけられることも小動物や昆虫に襲撃されることも避けることが可能になるのである。

インディアンの子供は人生の最初の時期のかなりの部分を、この寝かせ板の中で身動きできないまま、ただ周囲の出来事を眺めて過ごすことになる。エリクソン等の心理学者は、この時期に体験するフラストレーションが成人してから後の平原インディアンの「好戦的で凶暴な性格」を作り上げると考えた。しかし、寝かせ板は平原インディアンのみでなく「平和的」なことで知られた米国南西部のプエブロ諸部族の間でも使用されており、エリクソンの主張はとうてい支持されない。平原インディアンたちと直接つき合ったことのある人なら、彼らの中には軽妙なユーモアを好む、物静かで穏やかな性格の持ち主が多いことに気がつくはずだ。

日本でも、東北地方や中部山岳地帯を中心に「エジゴ」と呼ばれる藁で作った大きな瓶のようなものがあり、農作業のために母親が面倒を見られない幼児がふとんで巻かれて一日中その中に置いておかれるということがあった。この育児慣習の性格形成に及ぼす影響を探るために心理人類学者の祖父江孝男が現地調査を行ったが、明確な答えは出なかった。そのうちにこの慣習自体が急速な近代化の波に飲まれて消えてしまった。

今日のオクラホマでは寝かせ板は育児にはほとんど使われていない。しかし自分が育てられたという寝かせ板を今も大切に所有している人はまだいる。定住して床とベッドのある木造の家に住むようになった今日のインディアンの生活では、昔のような寝かせ板は必要でないのだろう。

スワドリング

そのかわり、赤ん坊の体を布でぐるぐる巻きにするスワドリング(布くるみ)という風習は今も残っている。スワドリングはロシアや東欧諸国を中心に広く見られた育児慣行であるが、冷戦時代にはスワドリングの慣行は自由な感情表出を抑制し権威や全体主義的な圧力に服従しやすい性格を作り上げると主張されたこともあった。

しかし、ルース・ベネディクト等が指摘したように、実は同じ東欧地域でもスワドリングが行われる理由はかなり異なっている。例えば、ロシアでは乱暴な赤ん坊があばれて自らを傷つけることを防ぐために行われ、ポーランドでは脆弱な赤ん坊を強く鍛えるとともに、身体の清浄な部分と汚い部分が接触するのを防ぐために行われる。また、ポーランドのユダヤ人の間では赤ん坊に暖かさと安心感を与えるために行われるというように、スワドリングの目的は決して一様ではなく、その性格形成に及ぼす影響も画一的ではありえない。祖父江はスワドリングによる運動制限そのものよりも布巻きされた赤ん坊を人々がどのように扱うかという人間関係の環境の方がずっと強い影響をもたらすのではないかと言っている。

あるインディアンの家で、私もスワドリングをされた赤ん坊を見たことがある。居間に入った私が何気なくソファーに腰掛けようとしたら、人々が一斉に大声をあげた。ソファーの上に赤ん坊が寝ていたのである。使ったシーツを丸めて置いてあるように見えたものが、実は古いシーツでぐるぐる巻きにされた生後数カ月の赤ん坊であった。なるほど大きな嚢虫のようなかたまりの一端から、小さな可愛い顔がのぞいていた。

私はなぜこのようなことをするのかと尋ねてみた。彼らはそうすれば近くで大人が突然動いて大きな音をたてても赤ん坊が目をさまさないからだと答えた。赤ん坊は音そのものを恐れて泣くのではなく、大きな音を聞くと反射的に手足が動くために目をさましてしまうのだという。だからシーツで巻いておけば、手足が動かず反射も起きないので目をさますこともないという説明である。きわめて実用的な理由である。私はそれが本当か試してみることにした。立ち上がって戸口のところに行き、大きな音をたてて扉を閉めてみた。果たして、赤ん坊は何事もなかったかのようにすやすやと眠っていた。

恐ろしい赤ん坊の物語

スワドリングをされた赤ん坊に関してはひとつの恐ろしい物語が伝わっている。

☼恐ろしい赤ん坊

ある所にインディアンの宿営地があった。その片隅に一人の女が暮らしていた。この女には男の赤ん坊がいた。それはとても可愛い赤ん坊だったので、女はインディアンの風習にしたがって、赤ん坊の身体をきれいに布で包み、大切に育てていた。

ある日のこと、この宿営地で恐ろしいことが起きた。朝早く女が目を覚ますと、遠くの方で人の泣き声が聞こえる。聞くと、族長の一人が何者かに食い殺されたということだった。いったい何ものがそんな恐ろしいことをしたのか、誰にも見当がつかなかった。

それから毎日、朝起きてみると必ず誰かが殺されていた。みな喉を食いちぎられているのだ。人々は懸命になって犯人を探し出そうとしたが、どうしても分からなかった。女は怖くなった。今度は自分の赤ん坊が殺されるかもしれないと思った。そこで昼も夜も赤ん坊をしっかりと抱いていることにした。

ある夜、女はふと眠りから目を覚ました。ハッと思って赤ん坊の方に手をやってみると、赤ん坊はいなくなっていた。ただ赤ん坊を巻いてあった布だけがそこに残っていた。女はぞっとした。

「私の赤ちゃんがさらわれてしまった」

彼女が身を起こそうとすると、ティピの入口がかすかに開いて何ものかが入ってくるのが見えた。

「一体何かしら？」

と、女は思った。見ていると、そのものはティピの中に入り込み、彼女の方に歩み寄って来るとツォウセィン（インディアンの寝台）によじ登ってきた。彼女は怖かったので、身動きひとつもせずに、じっとしていた。そのものは彼女の脇に来ると、巻布の中にもぐり込んだ。それは彼女の赤ん坊だったのだ。布の中に入ってしまうと、赤ん坊はいつものように泣きはじめた。女はただじっとしていた。そして、どうしたらよいのか考えようとしていた。彼女は本当に怖ろしかったのだ。その時、どこからか人の声が聞こえた。誰かが大声で叫んでいる。

「また族長が殺されたあ！」

「何者かに食い殺されたあ！」

赤ん坊は依然として泣き続けている。女は自分の赤ん坊がまだこんなに小さいのに、どうしてひとり歩きできたのか不思議でならなかった。ひょっとしてこの赤ん坊があの怖ろしい事件と関係があるのではないか、という考えが一瞬彼女の頭をよぎった。しかし、そんな考えはすぐに打ち消されてしまった。そんなことはとてもありそうもないことに思えたからである。

その日一日中、どうしてこんなに小さな赤ん坊がひとり歩きできたのかという疑問で、彼女の心はいっぱいだった。昼の間ずっとその赤ん坊には少しも変わったところがなかった。ふつうの赤ん坊のように泣き、ふるまい、母親にすべての面倒を見てもらう、ごくあたりまえのいたいけない赤ん坊であった。

その晩、女は一晩中眠らずに起きていて何が起きるか見守っていようと考えた。彼女は眠るまい、眠るまいと必死に努めた。しかし、どうしてもだめだった。いつの間にか眠りに落ちてしまった。

ハッと気がついて目を覚ますと、赤ん坊はもういなかった。

「やっぱりあの子の仕業だったのだ」

彼女は確信した。しばらく待っていると、昨夜と同じように赤ん坊が戻ってきた。そして同じようにして巻布の中にもぐり込むと、また泣き始めた。彼女は拳をつくると赤ん坊の頭を叩いた。

「お前はなぜ泣いているの。私たちの族長を殺したのはお前でしょう。お前がやったのだということは、ちゃんと分かっているのですよ」

そう言うと、女は寝床から跳び起き、赤ん坊をひっつかむと外に飛び出した。そして大声で叫んだ。

「犯人が分かりました。こいつがやったのです。こいつは赤ん坊なんかじゃないのです。何ものか分からないけれど、こいつが族長を食い殺したのです」

さらに、

「さあ、こいつを捕らえてください。そして、どうにでも処分してください。こいつは本当の赤ん坊なんかではないのですから」

と、言うと。その赤ん坊を差し出した。

しかし、人々はその赤ん坊を一体どうしたらよいのか分からなかった。みな薄気味悪かったのである。そこで彼らは火を焚くことにした。大きな焚き火が真っ赤に燃え盛った時、人々はその赤ん坊を炎の中に投げ込んだ。ところが、赤ん坊は跳ね返るように戻ってきてしまった。一度は火の中に落ちるのだけれども、すぐに跳ね返ってくるのだ。またつかんで、火の中に放り込んだ。また戻ってくる。投げ込むたびに跳ね返ってもどってきてしまい、どうしても焼き殺すことができない。

そこで、人々はその小さな怪物に対して矢を射かけた。しかしどうしたことか、誰も矢を一本も命中させることができなかった。

人々は途方にくれてしまった。ますます怖ろしくなってきた。そしてついに、みなその場を逃げ出した。すると怪物は、人々の後を追いはじめた。人々は山の方に向かって走っていく。山腹にある道を必死になって登って逃げるのだが、怪物はだんだん追いついてきた。みんなもうダメだと思った。

その時、一人の少年がいた。少年はコマを持っていた。そのコマは木でできていて、投げるとブウーンという軽快な音を立ててよく回った。少年はいつもこのコマを投げて遊んでいたのだが、それが普通のおもちゃ以上のものであるなどとは考えたこともなかった。しかし、大人の誰もがあの怪物と戦おうとしない以上、自分が戦うしかない。少年はコマを取り出すと、力いっぱい回して怪物に投げつけた。

コマは、すごい勢いで回り出すと、見る間に大きくなり、怪物に向かって飛んでいった。そして見事に命中して跳ね返ってきた。その瞬間、何か肉片のようなものが飛び散った。怪物の腕だった。それは、ガラスか何かのようなものでできていて、粉々に砕けて地面に散り落ちた。ところが、飛び散ったかけらは、ひとりでに飛び跳ねはじめ、集まって腕となり、またもとの身体に戻ってしまった。何回コマを投げつけても、そのたびに怪物の身体の砕けた部分はまたひとりでに元に戻ってしまうのだ。それを見た人々は一様に腰をぬかしてしまった。彼らはすでに崖っぷちまでおいつめられていたので、今にも崖下に転落しそうだった。もはやどうしても助からないように思われた。

少年は依然としてコマを投げ続けている。しかし怪物はじりじりと距離をつめてくる。

「これはとてもダメだ。相手が強すぎる」

と、少年は思った。

「でも、もう一度やってみよう。もし僕があいつの身体のど真ん中にある心臓にコマを命中させることができれば、あいつを殺すことができるかもしれない」

そう考えて、もう一度コマを回し、怪物の心臓めがけて投げつけた。しかし、怪物はコマが飛んでくるとひょいと身をかわしてよけてしまう。本当に機敏なやつだ。みなよけてしまう。

少年はついにコマに向かって祈りだした。

「コマよ。どうか助けておくれ。このままでは僕たちはみんな殺されてしまう。だから何とかしておくれ。あいつの心臓に命中しておくれ。そうすればあいつを倒すことができるかもしれないんだ……」

するとコマはブウーンという大きな軽快な音を立てて回りはじめた。そして、どんどんどん大きくなって怪物に向かっていく。怪物はまた身をかわそうと待ちかまえている。その時、突然コマが真っ二つに割れた。さあ怪物は今度は二個のコマと戦わなければならなくなった。どちらの方向に飛んだらよいのか、一瞬迷いが出た。最初のコマがぶつかってきた。怪物は反対側に跳んで避けた。すると、そこに二番目のコマが飛んできて、見事怪物の身体のど真ん中に命中した。怪物は、あっという間に粉々になって吹っ飛んでしまった。しかし、そのかけらはまたひとりでに飛び跳ねて元に戻ろうとしている。その時少年が叫んだ。

「みんな、そのかけらを拾え！　そいつを持ってできるだけ遠くに走るんだ！　バラバラの方角に走って、そいつが元に戻れないようにするんだ！」

人々は急いでかけらを拾うと、みな思い思いの方角に走り出した。ある者は崖から下の方に向かってそのかけらを投げ捨てた。またある者は別の方角に、はるか彼方まで走っていった。みな怪物のかけらをできるだけ遠くにばらまいた。

このようにして、ついにその怖ろしい赤ん坊は退治された。みんなを救ったその少年は人々からボウ・タリー（力太郎）と呼ばれている。

インディアンのしつけ

インディアンは子供を厳しく躾けるということはしない。人類学者の原ひろ子がカナダのへアーインディアンの場合として述べていることは、南部平原のインディアンにもそのままあてはまる。彼らは子供を自然に育っていくものと考えている。だから、子供たちが過ったことをした時も怒鳴ったり、厳しく叱ったりすることはない。また体罰というものもほとんど使わない。間違った行動を叱るよりも正しい行動を褒めるという、正の強化が彼らの子育ての基本ストラテジーである。だから、白人の学校に通い始めた時には体罰を伴うその厳しい躾けにたいへんなショックを受けたという。

子供を厳しく躾けないということは、大人が子供に対して命令をしないことを意味している。子供の行動や選択はあくまで当人の自発に任される。学校にも行きたければ行くし、行きたくなければ行かない。様々な教科や技能も学びたければ学ぶし、学びたくなければ学ばない。子供自身が望んでいないものを無理強いすることはまずないし、親が子供に対して希望や要請を言葉で伝えることもほとんどない。

彼らは言語による教示をあまり行わない。例えば、女性は自分のビーズ細工の技能を積極的に子や孫に教えようとはしない。彼女は「もし子供が興味を持てばそばにやってきて見るだろう」と言う。もし子供が自分もやってみたいと言えば、彼女はビーズと道具一式を与える。もし言わなければ何もしない。子供が言い出す前に先回りして道具を与えたり、無理に学ばせたりすることはない。また要求に応じて道具を子供に渡した場合でも、彼女から進んで教示をすることはなく、子供の自発性に任せておく。子供はそばで製作をしている大人をお手本に、見よう見まねでやり方を習得していく。彼らの文化には「まなぶ」ということはあっても、我々と同じ意味での「おしえる」あるいは「しこむ」ということはないようである。

同じアメリカの同じ地域に生活しながら、インディアンの子供と白人の子供は非常に異なった育児と躾けの環境で育っているのである。その違いは発達期の子供の精神に強く作用し、異なった性格を作り上げることになる。俗に民族性と呼ばれる個々の民族集団に特徴的な性格型がオクラホマのインディアンの間に今も消えずに残っている所以である。また、西洋式の学校教育が必ずしもインディアンの子供に対して有効でない理由でもある。

しかし、インディアンの子育て観は時に彼らの伝統的な知識や技能を次世代に伝えるために大きなマイナスとなることもある。ある時、姉と二人で住んでいたカイオワ・アパッチの女性が幼い孫を引き取って育てることになった。姉妹は二人とも民族語を自由に話すことができた。言語学者は家庭内ではインディアンの言葉だけを話すように子供を躾けるよう強く勧めた。そうすればその子はカイオワ・アパッチを母語として育つ可能性がある。若い世代では貴重なネイティブのカイオワ・アパッチ語話者の誕生が期待できるかもしれない。しかし、二人の姉妹は無理に子供に民族語を教えることは好まなかった……。

そのことはカイオワ・アパッチにとって大きな損失を意味した。迫りつつあるカイオワ・アパッチ語の死を食い止められるのは、若い話者の出現以外にないからである。その後、この姉妹は二人とも世を去った。現在、ネイティブといえるカイオワ・アパッチ語話者は、私の知る限りたった一名しか残っていない。年齢的に二人の姉妹のちょうど間に位置する兄弟である。

第11章 死者と罵り

いかに小規模な社会であっても人間関係は無視できるほどに単純ではなく、多くの複雑な規則や慣習に支配されている。自由奔放な「未開社会」や「自然社会」は全くの幻想である。社会構造的にはかなり単純な部族社会においても我々以上に複雑な人間関係のルールが人々の行動を律しているということは、決して珍しいことではない。その中には互いの接触や会話を避け合う「禁避」と呼ばれる現象も含まれる。カイオワ社会には禁避の風習がいくつかあるが、中でも興味深いものは兄弟姉妹間の禁避である。私がその存在に気づいたのは、パウワウに出かけた時だった。

兄弟姉妹間の禁避

あるパウワウの会場で私はカイオワの若者に彼の姉妹を紹介された。彼が下顎を突き出すようにして（カイオワ文化では、指で他人を指すことは非礼なこととして禁じられているので、指の代わりに顎を使う）示した方角には、五メートルほど離れた所に二人の若い女性がいた。しかし彼女らはこちらを一瞥しただけで、あとは背中をこちらに向けたきり、近づいて来ようともしなかった。怪訝そうな私の顔を見て、彼が自分たちは兄弟姉妹だから近寄れないのだと説明してくれた。それはまるで文化人類学の教科書から飛びだしてきたような兄弟姉妹間の禁避の例だった。

カイオワ社会では、思春期を迎えた兄弟姉妹は二人だけで同じ部屋にいることはタブーとされている。だから二人だけになる時は、必ずどちらかが部屋を出なければならない。自動車の導入はこの慣習に新しい次元をつけ加えた。兄弟姉妹だけでは車に乗ることができないのである。そこで第三の同乗者が必要になる。座席が一列しかない小型トラックで出かける時には、第三者を中央に乗せなければならないので少々窮屈になる。映画館で兄弟姉妹がいっしょに映画を見るような時にも、必ず真ん中に誰かを座らせる必要がある。それはかなり面倒なことである。

私のような外来者はそのような場合には便利な存在となった。アナダルコで再会したアンキューさんも「タルサにいる時はいいけれども、アナダルコに帰った時は、弟にジョークを言ったり、身体に触れたりするとよく怒られる」と言って笑っていた。はじめて会った時は何も思わなかったけれども、成人した姉と弟の二人が同じ部屋で仕事をするということは、アナダルコでは困難なことだったのである。

同様の禁避は婿と義母との間にも見られる。ある男性は「道を歩いていたら、向こうから義母がやってきたのに気が付き、あわてて木陰に隠れたことがある」と言っていた。義母の方も、婿のために食事を作った時などには、約束の時間になると家を出なければならない。婿はその間に家にやってきて食事をすませ、義母が戻る前に帰って行く。ベトナム戦争がまだ激しく進行していた頃、一人のカイオワ女性の家に娘婿が戦場から無事帰還してきた。その時、彼女は喜びのあまり、我を忘れて婿を抱きしめてしまった。驚いて彼女を見つめる周囲の眼に気づいた彼女は、困惑のあまり彼の背中を思い切り叩いてしまい、一同大笑いになったという。

インディアンは罵らない

カイオワには言語的な禁避もある。その典型的な例が罵言《ばげん》である。「インディアンは他人を罵らない」と、カイオワはよく言う。その意味は二つあるようである。ひとつは英語の罵言に相当するような語句が彼らの言語には存在しないということであり、感情表現の道具としての語彙の問題である。もうひとつは、使う言語が何であれ、インディアンは他人に向かって悪口を浴びせかけることをあまりしないということである。これはインディアン社会の人間関係のあり方に関わる問題である。

英語では、「ファック・ユー」、「ファック・ユァセルフ」、「マザー・ファッカー」、「ビッチ」等、性的な意味を持った言葉が罵言として頻繁に用いられる。このような語句に相当するような表現はカイオワ語には存在しないし、英語の直訳をそのままカイオワ語で口にしたとしても、ただ滑稽なだけで、誰も怒ったり、恥ずかしがったりはしないだろう。このような性的な意味を持った言葉が高い感情的負荷を持った罵言として使われるのは、キリスト教の影響で性をタブー視してきた西洋文化の歴史と深い関係があるのだろう。性に対して西洋人とは異なる態度を持っているインディアンにとって、性が罵り言葉として利用されないのも当然のことなのである。

だからといってインディアンは他人を罵しることが全くないというわけではない。カイオワ語にも、英語のように性的な含みこそ持たないが、強い怒りの感情が込められた言葉がある。それが後に紹介する物語にも出てくる「サポウル」という言葉である。サポウルは、幽霊またはその使いとしてのフクロウを意味している。他の言語の観点から見るとこれがどうして罵言となるのか理解し難いが、カイオワにとっては他人にサポウルと呼ばれることが最大の侮辱なのである。したがって、めったに口にされることはない。

オクラホマに住むカイオワは、日常生活ではほとんど英語のみを使っているが、彼らが英語で罵言を吐くことはきわめて希である。これは非常に興味深い問題である。性的な罵言の濫用はアメリカ文化の特徴ともいえるほど顕著なもので、特に下層階級の人々の会話にはきわめて頻繁に現れ、ほとんど強調副詞（日本語の「ドきれい」や「クソおもしろくない」の「ド」や「クソ」のような）と同じだとみなされているほどである。経済的には間違いなくアメリカ社会の最下層に位置するインディアンであるが、この点では他の下層階級とは異なっている。

インディアンによる罵言の使用は、ほとんどアメリカ文化（それも下層階級の文化）への同化の指標だと考えることができる。実際、罵言はオクラホマに住んでいるインディアンの間ではあまり見られないが、故郷をはなれて大都市で生活している（つまり、ある程度アメリカ文化に同化している）インディアンの間では頻繁に観察される。アメリカ文化への同化はしばしば「汚染」にたとえられるが、罵言の濫用ほどその隠喩がぴったりあてはまる例はない。

カイオワの「雪女」

オクラホマで聞いたカイオワの物語の中で、ひとつ鮮烈な印象をもって私の記憶の中にとどまっているものがある。それは日本の「雪女」にも似た美しく哀しい物語であり、私はそれを聞いた時にほとんど驚愕とも呼べるような感動に打たれたことを覚えている。明治の昔に東洋の島国を訪れたアイルランド人ラフカディオ・ハーンが出会った感動もまたこのようなものであったかとしみじみ思った。この物語ひとつで、狩猟民族の精神世界が定住農耕民より粗雑であり、繊細さを欠くという文化進化論的な偏見はたちまち霧散してしまうことだろう。

私はカイオワがこの物語をいつ獲得したのか知らない。これはモンタナ時代から有していた古い物語なのか、それとも比較的近年になって他民族から伝播してきたものなのか、まだはっきりしていない。しかし、いずれにせよこの物語の内容を構成している文化的諸要素が大平原時代のカイオワのものであることだけは間違いない。そしてこの物語の中でキーとなっている禁じられた言葉「サポウル」は、明らかにカイオワ語である。ここにその物語を紹介しよう。

☼死者と結婚した若者

族長の娘が死んだ。その娘はオンデイ（最も寵愛される子供）で、とても美しい子だった。両親は娘が欲しい物は何でも与えて、たいへんな可愛がりようだった。ところが、ある時、その娘が死んでしまったのである。

父親は部族の風習に従って、娘が所有していた二頭の馬を殺すと、最も美しいバックスキンのティピをさがして草原の上に張った。そして、その中に娘の遺体を置き、周囲に彼女の持ち物と殺した二頭の馬を並べると、入口をしっかりと縫って閉じた。そして、人々は草原にそのティピを残して、みな立ち去っていった。

間もなく冬の嵐がやってきた。あたりはひどく寒くなり、雪が降り始め、目の前が全く見えないほどになった。吹雪になったのだ。その雪の中を一人の若者がさまよい歩いていた。彼は、すでに道を見失っており、今にも倒れて死んでしまいそうなくらい弱っていた。突然、その若者の目の前に美しいティピが現れた。彼は、ふらふらした足どりで、そのティピの回りをまわって入口を探した。入口はしっかりと縫い閉じられていた。

「誰かが死んだのだ」

と、彼は思った。

「中には誰かの死体があるのだろう。でも中に入らなくては。さもなければ俺も死んでしまう」

そこで、彼は小刀を取り出すと入口を切り開いた。そして、ちょうど自分が入り込むのに十分な大きさだけ開くと、中にもぐり込んだ。ティピの中には寝台がしつらえてあり、バファローの毛皮が何枚も重ねてあった。彼はその寝台の方に歩いていった。死体があった。若い娘の死体であった。その娘は、まだ死んでから間もないようであった。若者はその寝台にもぐり込み、バファローの毛皮を自分の身体の上にかけた。そして、そのまま眠り込んでしまった。あたりはたいそう寒く、その若者は、もうかなり衰弱してほとんど死にかけていた。だから、たとえ眠らずにいたとしても、死んでしまったことだろう。若者は深い眠りに落ちた。

どのくらい経ったことだろうか。若者は目を覚ました。なぜか暖かく心地よかった。ふり向いて見ると、あの娘が横になったまま彼を見つめている。若者は、

「ああ、やはり俺は死んでしまったのか」

と思った。

「死んだ娘が生き返って俺を見つめているはずはない。だから俺も死んでしまったにちがいない」

と、思った。すると娘は彼の思考を読みとったかのようにこう言った。

「いいえ、あなたは死んでなんかいません。私もまた生きています」

若者は驚き、思わず声をあげた。

「一体、あなたはどうして生きていられるというのですか。あなたは、たしかに死んでいたではありませんか」

「はい、その通りです」

娘は答えた。その時、二頭の馬が身震いをして立ち上がった。馬もまた生きているのだ。

「どうして、一体どうして、あなたは生き返ったのですか」

するとこう娘は答えた。

「それは、あなたが私を必要としていたからです。だから私は生き返ってきたのです。あなたは死にかけていました。もし私があなたを暖めてさしあげなかったら、あなたは死んでいたことでしょう。あなたを救うために、私は生き返ってきたのです。それで、こうして私たちは二人とも生きているのです」

若者は横たわったまま、

「そうだとすれば、この娘の両親はとても喜ぶことだろう」

と、頭の中で考えた。すると娘は、

「はい、その通りです。両親は私が生き返ったことを知って喜ぶことでしょう。でも、私は今はあなたのものです。あなたが私を生き返らせてくださったのですから」

と、言った。彼女はほんとうに美しい娘であった。彼女はさらに続けて言った。

「いっしょに私の部族の者たちがいる所にいきましょう。まだこの近くにいるはずです。でも、吹雪がおさまるまではここで待たなければなりません。私の部族の風習では人が死ぬと食べ物もいっしょにティピの中に入れて葬ります。だから、ここにも何かあるはずです。起きて探してみましょう。それに、薪もあるはずです。だから、火を熾こして温かい食事を作ることができます」

そう言うと娘は起きあがり、薪を見つけて真ん中の土の上に置いた。ティピはてっぺんの煙出しの穴まできっちり閉ざされていた。そこで、娘に促されて若者も起きあがり、彼女を助けて煙出しの穴を開けた。そして彼らは火を起こした。その火で娘が見つけた肉を焼き、二人は温かい食事をとった。それからしばらくの間、彼らはそこにとどまっていた。

ついに吹雪はやみ、うず高く積もった雪も太陽の光に溶けはじめた。二人は荷造りをはじめた。若者がティピをたたみ、柱を馬にくくりつけると、荷物をそこに積み込んだ。そして、娘の両親を探して出発した。道中、娘が若者に言った。

「私は、これからもずっと生き続けることができます。でも、あなたが私といっしょにいる間は、絶対に私のことを『サポウル』と呼ばないでください。人はよく腹を立てた時にこの言葉を口にしてお互いを罵りあいます。でも、あなたは、絶対に私のことをそう呼ばないでください。もしあなたが私のことをそう呼ぶと、私はあなたのもとを去らねばなりません」

間もなく二人は娘の両親のいるキャンプを見つけた。キャンプの人々も近づいてくる二つの人影に気がついた。彼らにはすぐにその馬がだれのものであるかが分かった。そして、その馬に乗っている娘が誰であるかが分かった。彼らは一瞬自分たちの目を疑った。しかし大急ぎで駆けつけて、娘を抱いた。誰もが大喜びだった。彼らはすぐに二人が夫婦になっていることに気がついた。二人は何があったのか説明しなければならなかった。そこで、娘が口を開いて、若者が死にかけているのをひどくかわいそうに思い、彼を救うために生き返ったこと、彼の妻となって生き続けること、さらに夫は妻のことを絶対に「サポウル」と呼ばないと約束したこと、等を人々に語った。

それから二人は仲間のインディアンたちといっしょに生活することになった。そのうちに子供も生まれ、幸せに暮らしていた。幸福の日々が続くうちに、男は昔のことをすっかり忘れてしまった。

自分の妻が一度死んで生き返った女であることも、すっかり忘れてしまっていた。そしてある日、男は何かの理由で妻に対してひどく腹を立てた。そして妻を激しく罵りはじめ、思わず
「サポウル！」

と、言ってしまった。ハッと気がつき、男はあわてて自分の口をおさえた。

「すまない、つい忘れてしまっていた。今言ったことは取り消す」

男は言った。

しかし、妻は静かに
「いいえ、それはできません。一度言ったことは二度と取り消すことはできないのです。私があれほど言わないようにお願いしたのに、あなたは言ってしまわれた。たしかに、私はあなたが言った通りの者です。私はこれまでもそうであったし、これからもそうあり続けることでしょう」

と、言った。

「でも、あなたにはひとつだけ最後のチャンスがあります。今から四日四晩の間、あなたが一睡もせずにいられたら、私はあなたのもとに留まることができます。でも、ほんのわずかでもあなたが眠ってしまったら、私はあなたとお別れしなければなりません」

「わかった、必ず起きていよう。私はお前を失いたくないのだ」

と、男は言った。

それから毎晩、男は一睡もせずに起きていようと努めた。妻は、夜になると床につく。しかし、

男は横にならずに起きていた。三日目の夜になると、男は疲れてきた。眠たくて眠たくてたまらなくなってきた。しかし、彼は冷水をかぶったり、自分の身体を叩いたり、髪の毛を引っ張ったりして、懸命に睡魔と闘った。

そして四日目の夜がやってきた。次の夜明けまで起きていられればいいのだ。男は焚き火のそばにいた。そして眠りそうになると、燃えさしを取って自分の顔にあてた。自分の皮膚を焼くことによって、その痛みで何とか眠りに落ちるのを防ごうとしていたのである。

「もう真夜中を過ぎたころだ」

と、男は思った。気がつくと、火はもう消えそうになっていた。そこで、彼は新しい薪をつぎ足した。妻の方を見ると、彼女は静かに眠っている。その横に子供たちもすやすやと眠っている。男はホッとした気持ちになって、一息つこうと思った。体中がこんなに火傷で痛んでいては眠れるはずはない。そこで男は腰を下ろし、しばらく火を見つめていた。と、いつの間にか、自分でも気がつかないうちに男は眠り込んでいた。

ハッと気がついて男は跳び起きた。あわてて寝床の方を見ると、妻の姿はもうなかった。子供たちはそこに眠っていたが、妻はいなくなっていた。男は立ち上がって妻の名を呼びはじめた。声を限りに妻の名を呼んだ。男は妻が外に出たのではないかと思った。そこで外に飛び出して、何度も何度も大声で妻の名を呼んでみた。しかし答えは何もなかった。騒ぎを聞きつけて、義父たちも外に飛び出してきた。そして、いっしょに妻を探し回ったが、どうしても見つけることはできなかった。

男は妻が再び死んでしまったのだと理解した。妻は自分が最初に見つけたあの場所にもどったのかもしれない、と思った。でも、そんなことがあり得るのだろうかという気もした。あのティピは二人でこのキャンプまで運んできたはずだ。男は馬に跳び乗ると、一目散にあの場所めがけて走り出した。義父たちも後に続いた。

そこに着いてみると、やはりティピが立っていた。入口はきっちりと閉じられている。彼らはその入口を切り開くと、急いで中をのぞいてみた。やはり妻はそこに戻っていた。寝台もバファローの毛皮も昔のままであった。床には二頭の馬が横たわっていた。すべて昔のままであった。

「これが夢であるはずはない」

と男は思った。だいいち、子供たちはちゃんと彼のもとに残っている。

「やはり本当だったのだ。あの娘は生き返ったのだ。しかし、自分がうっかりあの言葉を口にしたばかりに、妻はもとの姿に戻ってしまったのだ……」

男は体中を火傷だらけにしてまで、眠るまいと努めたのだが、どうしてもだめだった。おそらく、眠りに落ちたのはほんの一瞬のことだったのだろうが、それでも妻は去っていってしまったのだ。

禁止と違反

この物語は形態論的には「〈禁止〉と〈違反〉」という二つのモチーフとその連鎖の二回繰り返しという構造を持っている。最初の〈禁止〉は、男が幽霊を意味する罵り言葉を口に出してはいけないと女に言われることであり、〈違反〉は男が後にそれを忘れて禁じられた言葉で妻を罵ってしまうことである。そして二つ目の〈禁止〉は妻に四日四晩眠ってはいけないと言われることであり、〈違反〉はつい眠ってしまうということである。

この単純なモチーフ構造は、民話学者のアラン・ダンデスが指摘するように、北米インディアンの民話としては最もありふれたものの一つである。また、日本列島にもユーラシア大陸にも広く分布している。確かにすべての社会に禁避事項は存在しており、人々は常にそれらと折り合いをつけながら生活をしている。そのような人間社会共通の問題があるゆえに〈禁止〉と〈違反〉という構造は、誰にとってもわかりやすく、物語に緊張感を与え、人々の心の中に強い感情を喚起する力を持っているのだろう。それが、このモチーフ構造が広い地理的範囲に分布している理由であると思われる。

どうやら文化を異にする多くの民族が同一の形式（普遍性）の中に異なる文化的内容（個別性）を満たして物語りを続けてきたらしい。表面的にはかなり異なるように見える物語が深層では全く同一のモチーフ構造を持っているのである。日本の「雪女」やカイオワの「死者と結婚した若者」の物語は、ごく単純なモチーフ構造が民族固有の文化的内容や自然景観を豊かに取り込むことによって、いかに美しい物語に発達しうるかを示す好例である。

死者に関わる禁避

この物語にはまたカイオワの持つ興味深い慣習がいくつか現れている。そのひとつが、死者に対する取り扱いである。

カイオワにとって肉親の死はこの上なく悲しい出来事であった。カイオワ社会では、死者には最もよい服が着せられ、遺体はバファローの毛皮で作ったローブで覆われた。そして、ティピの通常の出入口ではなく、脇から外に搬出され、親族の手によって埋葬場所へと運ばれた。この物語では遺体がティピの中に安置されているが、実際にはコヨーテ等の動物に食われないために土中に埋めたようである。同時に、死者が生前に使用していた衣服や諸道具、武具などもいっしょに葬られ、死者が愛していた馬も心臓を突いて殺された。また死者の所有するティピは火をつけて焼き払われた。夫を失った妻は体に刃物で傷をつけ、時には小指の先を切り落として、その痛みをもって最愛の伴侶を失った心の痛みを象徴させようとしたという。

インディアンにとって肉親を失うことは耐えられないほどに悲しいことであり、失われた者のことを思い出させるすべての物を消し去ってしまいたいと思うのだと、カイオワの古老たちは言う。死者の名前もまた禁避の対象となる。死者に言及する必要のある時には「あの男」とか「あの娘」というような言い方が用いられる。これは今でも見られる慣習である。また故人のことを記憶している者がこの世に残っている限り、同じ名前を生まれてくる子に与えることはできない。このような慣習は多くの貴重な文化物を失わせ、人々の名を伝承から消去してしまう。カイオワの歴史的研究を困難にしているひとつの理由である。

第12章

白人の器にインディアンの魂を

少数民族と巨大言語の接触

少数民族の言語が巨大言語と接触した時、劇的な変化が生じ得る。ある場合には、少数民族語は優勢言語から多くの語彙や文法的要素を取り入れて再構成され、クレオールと呼ばれる新しい混交語を発達させるかも知れな

インディアンエキスポジションのパレード

い。あるいは、民族語と新しく入ってきた言語とが互いの領分を確立して併用されるようになり、その言語共同体は安定したバイリンガリズムを発達させるかもしれない。さらに最も頻繁に見られるケースでは、混交語もバイリンガリズムも発達させることなく、民族語はあっさりと優勢語にとって代わられる。この場合は〝言語死〟あるいは〝絶滅〟ということになる。地球上の多くの言語がそのようにして過去に消え、また今も消えつつある。

アメリカ南西部において先住民諸語は侵略者のスペイン語と接触した。その結果、先住民の言語は、侵略者との間の政治的関係によって、異なる三つの変化パターンを示したという。

1 民族語とスペイン語が峻別され、言語生活の領域によって明確に使い分けられたバイリンガリズムを形成する（苛酷な貢物とキリスト教の信仰を強制された東部プエブロ諸部族の場合）

2 民族語がスペイン語から大量の語彙的文法的要素を借用し、形態的にも文法的にもスペイン語と分かち難くひとつに融合した混交語を発達させる（スペイン人の政策が比較的寛容であった北メキシコ、ソノラ地方のヤキ族の場合）

3 民族語がスペイン語とスペイン文化から一定の距離をとり、必要に応じて語彙の借用はするが自律的であり、大きな影響を受けずに存続する（スペイン勢力圏では周辺部に位置し、積極的殖民政策の対象にならなかったナバホ等の狩猟採集民の場合）

南部平原においては、インディアン諸部族は一八世紀にスペイン語と接触し、さらに一九世紀になってからは英語との接触が始まった。しかしその辺境的な位置のために、侵略者の政治的圧力を直接受けることは一九世紀半ばまではほとんどなかった。そのため、彼らの言語に対する英語やスペイン語の影響もごくわずかであった。しかし、米国政府によってオクラホマにインディアン保留地が設けられ、保護同化政策の下に引き込まれるようになってからは、彼らの言語に対する英語の影響が急激に強まった。

第5章でも述べたように、カイオワはその出自が謎に包まれた部族である。古い文献資料によれば、彼らは一七世紀末ごろ現在地から北に数百マイルも離れたモンタナ州イエローストーン川源流付近に住んでいたことが知られているが、それ以前の歴史については全くわかっていない。

今日、カイオワは日常生活に英語を使っている。カイオワ語が使われるのは、老人間の会話を除けばほとんどなく、中年以下の人々がカイオワ語を使うのは、一部の固定した慣用句を除けば、主に呪術や儀礼の場面に限られているといってよい。民族語が英語にとって代わられているのである。カイオワ語から英語への変化は、先住民の部族社会が近代社会に組み込まれる過程での必然的な結果でもある。しかし、カイオワは全く受動的に英語に同化しているわけではない。それは、彼らにとって生存を賭けた積極的な選択の結果でもあるのだ。

部族社会というと、読者は互いに孤立した小規模な閉鎖社会を思い浮かべるかもしれないが、実際はそれほど単純ではない。部族社会は、他の部族社会との密接な関わりを持ちながら存続し続けており、その間には交易や政治的同盟それに婚姻や養子縁組などを通じて個人間の頻繁な交流がある。言語についても同様のことが言える。部族社会は、必ずしもひとつの言語だけを話す単一言語社会ではなく、必要に応じて複数の言語を使う多言語社会でもあり得るのである。カイオワの場合もまさにそうであった。

カイオワは、少なくとも一七世紀以来、アパッチの一集団（カイオワ・アパッチ）と常に行動をともにしてきた。カイオワとカイオワ・アパッチの間は密接な婚姻関係で繋がっていたので、親族間で両方の言語が使われることはよくあった。

北部平原に出たカイオワはクロウ族と出会い、彼らから馬を獲得する。カイオワは、自分たちを排除せずに受け容れてくれたクロウに対し敬愛の念を今日まで抱きつづけており、両者は強い同盟関係で結ばれている。カイオワの間には、自分たちの子供をクロウに預けクロウの言葉と文化を学ばせるという慣行があった。クロウ語はスー語族に属する言語で、カイオワ語とは全く異なっている。南部平原に移動してからはカイオワはコマンチ族と同盟関係を結び、コマンチ語を学ぶようになる。南部平原ではコマンチ語が一種のリンガ・フランカ（交易のための共通語）の役割を果たしていたからである。

このようにカイオワは、他民族との友好的な関係を維持していくために他民族の言語を取り入れてきた。他の言語を母語と同じように流暢に話したというわけでは決してないが、カイオワにとっては（程度の差こそあれ）多言語使用が生存のための必要に基づく知恵であり戦略だったのである。だから一九世紀後半にアメリカ人と接触した時も、同じような態度で英語に接している。そしてその結果英語から大きな影響を受けることになった。

カイオワと英語

カイオワの場合、二〇世紀初頭までは英語を話す者の数はまだ少なかった。そのため、彼らに対するアメリカ政府の政治的交渉や行政実務、またキリスト教宣教師の説教にも通訳が必要であった。外国語習得の早い子供たちでも、学校へ行くようになってから初めて本格的に英語を学ぶというのが普通であった。しかし学校教育の力は、若年層を中心に徐々に英語を普及させていった。

二〇世紀中葉になると事情はかなり変わってくる。一九四〇年代にカイオワ語の調査を行った言語学者のエディス・クロウエルは、「老人たちはモノリンガル（カイオワ語のみ話す）であるが、人口の大半を占める中年代層はカイオワ語と英語のバイリンガルである。そして年少の者は、カイオワ語を理解することはできるが、日常に使えるとは限らない」と報告している。英語とカイオワ語の一時的バイリンガル状況の出現である。しかしこのバイリンガリズムは移行期のもので安定することはなく、時の経過とともに英語が優勢言語になっていった。

一九八〇年頃の調査では、モノリンガルのカイオワ語話者というものは既に存在せず、カイオワ語を話す老人はみな英語も知っているバイリンガルであった。中年層はある程度（個人差がある）カイオワ語を理解するが、自由にしゃべれる者はごく少数である。今日、カイオワをはじめ南部平原のインディアンたちのほとんどは、日常のコミュニケーションに英語を使っている。一部の老人同士の会話と宗教的儀礼における祈禱の言葉を除けば、インディアンの言葉が使われることは非常に希である。特に若年層の人々の民族語を理解する力はきわめて低く、カイオワ語は遠からず死滅に向かうのではないかという懸念が強くなっている。

米国政府によるインディアンの〈保留地封じ込め政策〉と、それに続いた開拓者への土地開放は、オクラホマを様々な人種と民族の雑居の地にした。その結果、異人種間および異民族間の結婚が増え、人々は様々の言語と文化が併存する〝非均質的〟な環境で生活するようになった。したがって、子供たちもそのような非均質的な言語環境で社会化されることになる。そのような状況ではカイオワ語のようなひとつの少数民族語が安定して使用される生活領域はきわめて限定され、代わって新しいリンガ・フランカとしての英語が広く使用されるようになるのは必然のなりゆきであった。

その結果、コミュニケーションの媒体となる基本言語が、数十年を経ずして、カイオワ語からそれとは系統的にも類型的にも全く異なる英語へと入れ替わってしまったのである。今日カイオワが話している英語は、構造的には完全にアメリカ英語（南部方言の一種）と見なされるべきものであり、英語とカイオワ語の混交と呼ぶべきものではない。構造的には、カイオワ語は一部の語彙項目以外にその痕跡をほとんど残さずに消滅し、英語によって完全に覆い尽くされてしまうかのように見える。

インディアン英語

しかし、カイオワ語が彼らの話す英語の中にほとんどその影響をとどめていないと決めつけてしまうのは早計である。確かに、音声や文法といった構造的な側面にはカイオワ語の影響を指摘することは難しいが、言語使用（プラグマティクス）の側面に注目すると、カイオワの伝統的な話し方の特徴が明瞭に生き続けていることがわかる。

オクラホマのインディアンが英語で話しているのを聞いた人は、彼らの話し方が同地域の白人たちのものとは異なっていることに気がつくだろう。ただし、それはインディアンの話す英語に外国人のような顕著な訛りがあるためでもなければ、彼らの英語がピジン化やクレオール化（ともに土着の言語と外来の言語が混じり合って、どちらともつかない混交語ができあがることを指す）しているというためでもない。彼らの話す英語は明らかに流暢なネイティブスピーカーのものであり、その発音や文法も既述のようにアメリカ英語（南部方言の一種）なのである。にもかかわらず、インディアンの英語は何か根本的なところで白人の英語とは違うという印象を与える。私はそれを不思議に思った。

インディアンの会話を注意深く観察してみると、そこにはいくつかのユニークな特徴があることがわかる。例えば、インディアンは面と向かって相手と視線を合わせるということをあまりしない。それは恐らく彼らの文化では他人を直視することが非礼にあたると考えられているためであろう。また彼らの声は低く、話す速度もゆっくりしている。彼らの談話の進め方は、多くの状況的知識の共有を前提として組み立てられており、高度に文脈依存的である。その点では、文脈情報にあまり頼ることなく物事を明示的に表現する傾向の強い白人の談話とは対照的である。また類似した表現の繰り返しやメタファー（隠喩）が多用されることも、インディアンの〝英語談話〟の特徴である。その典型的な例を見てみよう。

ある時、隣家の老人が戸口に現れ、私に電話番号を告げてそこに電話をかけて欲しいと言った。私は隣家には電話がないことは知っていたし、老人はきっと眼が悪くて自分ではダイヤルできないだろうと考え、「いいとも」と答えて受話器を取り上げた。「どうぞ入ってきてください」と言っても、「ここでいい」と戸口の所に立ったままでいる。そこでは電話に届かない。「オーケー、それではダイヤルして何と言えばいいのですか」と聞いてみた。老人は自分の家の番地を私に告げた。電話を掛けて相手が出たら、ただ番地だけを言えばいい。それはどういうことなのだろうか？　何度聞き返しても、老人は同じ番地をくりかえすだけである。私は狐につままれたような気持ちになった……。

ずいぶん時間をかけてやっと分かったことなのだが、その老人の家に住んでいるアルコール依存症の子供たちが暴れて手に負えない状態になっていたのだ。そこで彼はシェリフ（保安官）に酔漢を町はずれの公園まで連れていって、そこに放り出して欲しかったのだ。酔いが醒めれば彼らは自分の足で歩いて帰ってくるだろう。彼は同じことをしばしばシェリフに頼んでいるので、今では番地を告げただけですぐに車でやって来るようになっていたのである。もちろん、老人が告げた電話番号はシェリフのオフィスの番号であった。果たして老人の期待通り、白人のシェリフが五分後にやってきて、酔漢を家から引きずり出すと、パトロールカーに乗せていった。

人類学者のジョン・ビーティーはニューヨークで警官の研究をしていた時に、似たような出来事に遭遇したという。夜更けの盛り場をパトロールしていた時、一人のインディアンが警官に近づいてきて話しかけ始めた。彼は低い声で、警官と視線を合わせないまま、その日の出来事を朝から順に語り出した。白人警官のこのインディアンに対する注意力は十秒と続かなかった。しかし、男は話し続ける。それは典型的なインディアンの話し方だった。既に要点のつかめない話にうんざりして聴くことをやめてしまっている警官に向かって、彼は相変わらずゆっくり話し続ける。その中に一言「背中を刺された」という言葉が出てきたことにビーティーは気づき、警官にそのことを指摘した。その場にいた警官は誰もそんな言葉に気づいておらず、本気にしなかったが、「念のため」にしぶしぶ背中を覗いてみると、果たして大きな刺し傷があり血が流れ出していたという。

この二つのエピソードはやや極端であるが、たとえ同じ言語を話していても談話構成の仕方が大きく異なり得ることを示す好例である。

カイオワの英語談話の特徴

カイオワの英語談話を聞いた人はそのやや遅い調子に退屈感を感じるかもしれない。それは、アメリカ人一般に比べてインディアンがゆっくり喋るためということもあるが、それ以上に彼らの語りの持つ頻繁な反復性によるところが大きいと思われる。この反復性とは、語りの中の物語の展開において話題中心者がある状態から別の状態へと移る（これが物語の筋である）際、すぐに移行せずに何度も同じような試みをくりかえしてからやっと移行する、という特徴を指している。これは形式的には同じ（あるいは類似の）語句のくりかえしとして表れる。この反復は典型的に四回行われ、四回目にやっと結末を迎えるという形をとる。

実例を挙げてみよう。ある時、一人の若いカイオワ男性がバファローは視力がひどく悪いという話をしていた。その中で彼は一頭のバファローがハイウエーを横切ろうとした時のことを次のように語った。

＊インディアン英語の語りの特徴を感じてもらえるよう、ここでは原文をそのまま引用した。英語が苦手な読者は対訳を参照して欲しい。

"...This buffalo came to the highway,
and he looked right and left,
and right and left,
and right and left,
and right and left,
and he decided to go back."

（対訳）
バファローがハイウエーにやってきて、
右を見て左を見た。
また右を見て左を見た。
また右を見て左を見た。

そしてまた右を見て左を見て、
結局もと来た道を戻って行った。

このバファローはハイウエーを渡るために左右の安全を確認しようとするのだが、視力が悪いためによく見えない。それで同じことを二度三度とくり返すのだが、どうしても渡れず、四度目についにあきらめてもときた道を引き返す、という話である。これがなぜひとつの「話」としてまとまりを持つかというと、それはこの談話が完結した物語としての形式的条件を備えているからである。談話中に「right and left」という句が四回くりかえされているところに注目していただきたい。このくりかえしが聴き手にとって馴染みのある形式が始まったとの合図を与え、注意と期待を高める。そして、最後の句が「落ち」のような役割を果たして、形式は完成し、話は完結するのである。

もうひとつ実例を見てみよう。ある時、部族の集会場で数人のカイオワがテープに録音された物語を聞いていた。その物語は一人の若い純情であるはずの娘が物語の進展とともにだんだん乱れて、ついに色狂いのようになる、というような戯話であった。聴衆の中にひとりの老婆がいて、時々口をはさんで、その主人公の行為にコメントを加えていた。彼によると、その話は次のように進行したという。

...At the beginning, when the girl was very proper, this old woman said,

"That sounds like my daughter."
Then the girl became gradually crazy, the woman said,
"I'm not sure if she is my daughter."
The girl became even crazier, and she said,
"I don't think that's my daughter."
Finally the girl went totally wild. Then the woman started screaming and said,
"Oh, that can't be my daughter!"
So everybody just laughed at her."

（対訳）

はじめのうちは、この娘は非常に貞淑だった。そこで老婆は
「それは私の娘みたいだ」と言った。
そのうちに、娘の行動は少しずつ乱れてきた。老婆は、
「私の娘かどうかよくわからない」と言い始めた。
娘の行動はさらに大胆になってきた。老婆は
「それは私の娘ではないと思う」と言った。
ついに娘の行動が完全に乱れてくると、老婆は大声をあげて
「私の娘なんかでは絶対ないよ！」と叫び出した。

そこでみんな大笑いした。

ここにも前のストーリーと同じ四回反復の形式が見られる。老婆はテープの物語を聞きながら四回コメントをくりかえし、ついに最後にみんなに大笑いされるのである。

またある老人は、かつて第二次大戦から帰還して来る若者たちに仕事を与えるために農業を行うことを試みたが、ついにうまくいかずにあきらめた時のことをこう話した。

...The first year, there was a draugt.
The second year, there were insects.
The third year, it snowed.
The fourth year, there was too much rain.

(対訳)
最初の年は日照りだった。
二年目は害虫が発生した。
三年目は雪に見舞われた。
そして四年目は大雨が降った。

かくして彼の試みは完全な失敗と帰してしまったのである。彼の言うように、本当に四年連続して天災がやってきたかどうか、私は確認していない。しかし、それが事実であったとしてもまた事実とは異なっていたとしても、注目すべきはこの失敗談がきれいに整った四回反復という型式を示しているという点である。

今日の談話にみる形式

次に、今日のフォークロアーとでもいえそうな少し長い談話を二つ見てみよう。この二つは実際にあったとされる出来事について語っているが、ユーモラスな物語として繰り返し語られている。

〈談話1：インディアンと月〉

――数人のインディアンがベンチに腰かけて月を見ていた。その中には語り手の義母もいた。そこに白人がやって来た。インディアンがいるのを見ると、そのうちのひとりがインディアンをからかってやろうと、話しかけてきた――

"Hey Indians, you see the moon up there?"
Nobody answered him.
"You see the moon up there." he said, "They say that they saw some Indians up there." he said, "They

were chasing buffalo and deer. They said there were some Indians living up there in the moon." he said,
"Did you all know that?"
Nobody answered him.
"I guess some of you people might want to go up there," he said, "but how are you going to get there?"
"You wanna go up there and live in the moon like your old people were?"
Then all of a sudden my mother-in-law said,
"Oh, is that so? You mean to tell me that there were Indians living in the moon? Oh, I see. No wonder you white people are gonna go up to the moon and take that away from the Indians."
They (white men) quit laughing and walked off.

（対訳）


「おおい、インディアンよ。おまえさんたち、あそこに月が見えるだろう」

　誰も答えなかった。

「あの月にはインディアンが住んでいるそうだぜ。バファローと鹿を獲っているそうだ。あの月にインディアンが住んでいるって、おまえさんたち知っていたかい」

　誰も答えなかった。

「おまえさんたちの中にはあそこに行きたい奴がいるんじゃないの。でも、どうやって行くのかな」

「おまえさんたち、月に行って昔のような生活がしたいかい」
すると突然私の義母が口を開いた。
「へえ、そうなんですか。あの月にインディアンが住んでいたというんですか。なるほど、だからあれをインディアンから取りあげるために、あんたたち白人は月に行こうとしているんですね」
彼らは笑うのを止めて歩き去った。

〈談話2：インディアンと朝食〉

――語り手の祖母とその息子夫婦がオクラホマ州ワシタへ行った時のことである。三人とも空腹になったので、レストランに入ってベーコン・エッグを食べることにした。しかし、困ったことに誰も英語が喋れない――

So they sat there and make all kinds of sounds, and make signs, you know, and say, "ah' shi, ah' shi." They meant eggs, you know. That man was standing there, "ax, ax, ...?" He went outside and came in, and brought an ax. Shook their head, and say "Hohney, hohney" That means "No."

And then he went in the kitchen and brought a potato. "No, no, not that one."

So then finally that daughter-in-law, she make a noise like a pig, you know, and she went "tsssss" like, you know, frying something. So he went in the kitchen, brought a pork chop. Shook her head.

He went back. He brought a piece of bacon. So they say yes like this (nodding several times with a smile).

（対訳）

そこで彼らは席に着いて、鳴き声のまねや身振りで伝えようとした。

「アッシー、アッシー」

これは〝卵〟のつもりだった。男はそばに立っていて「ax? ax?」と繰り返し、表に出ると斧（ax）を持ってきた。

彼らは首を横に振って、

「ホーネイ、ホーネイ」

と言った。これは〝ノー〟という意味である。

すると男はキッチンに入り、ポテトを持ってきた。

「ちがう、ちがう、それじゃない」

そこで義理の娘は豚の鳴き声を真似して、「ジュ――」とフライパンで焼くような音を出した。男はキッチンに入り、ポークチョップを持ってきた。彼女は首を横に振った。

そこで彼はキッチンにもどり、今度はベーコンを一切れ持ってきた。そこで彼らは、「そう、そう」と喜びながらうなずいた。

この二つの談話は、語られる内容こそ異なっているが、同じ物語展開の型式を持っている。第一の談話では、白人の男はインディアンをからかった問いかけを四回くり返している。つまり、侮蔑的な問いかけという言語行為を四回反復しているのである。そして四度目に、ついに語り手の義母にやり返され、すごすごと引き下がるのである。第二の談話では、インディアンたちは、自分たちの欲しいものをウエイターに分からせようと奮闘する。そして、あれこれ三度試みて失敗し、四度目にやっと成功するというようになっている。

このような形式をもった話は、カイオワが英語で行う社交的会話やゴシップの中でしばしば見受けられる。そのうちのあるものは完全な四回反復性を示し、あるものは反復性のみを示し、またあるものは四という数だけが現れる。これらの日常談話で語られている内容の多くは、現実にあったことと されている。しかし、インディアンの世界に限って、物事がすべて四つを単位にして現れ、四回繰り返されるとは考えにくい。したがって四回反復性は、実際にあった事実の反映というより、ストーリーを呈示する際の型式上の要請によって現れたものと考えるのが妥当であろう。

マジックナンバー「4」

では、カイオワの談話の中にはなぜ四回反復が頻繁に現れるのだろうか。実は、〝4〟という数は多くのインディアン部族にとって神聖な数字である。民話学者のE・パーソンズはニューメキシコのズニ族が〝4〟という数に対して偏執的とも言える程の執着を持っていることを報告している。また、人類学者のR・ロウイによれば、クロウ族は世界の万物は〝4〟を単位として生起進行すべきであると考えていたという。カイオワの文化においてもまた〝4〟は神聖な数であった。例えば、彼らのサンダンスではすべてが〝4〟を単位として進められていた。すなわち、四日四晩かけて部族全員が集まり、四日かけて儀式の準備がなされ、四日間踊りが続けられるのである。また、今日のパウワウでも〝4〟を単位とした式の進行が見られる（例えば、パウワウは四日間続き、その中で踊りは三曲踊って四曲目に贈り物の授与がされる）。

また、カイオワの民話に目を向けてみると、物語の中に4という数が頻繁に現れているのに気がつく。人間、動物、怪物等、しばしば四人（頭）ずつ登場し、ヒーローの行為は四回くり返されて成功（あるいは失敗）に導かれる。そのような特徴は、一九二〇年代にパーソンズによって採集された物語にも、後にA・マリオットによって採集された物語の中にも現れている。また、本書で紹介されているいくつかの物語の中にも見て取れるだろう。今日のカイオワの英語による談話の中には、カイオワ語で行われていた伝統的な語りの形式が生き続けているのである。

カイオワの談話を聞きながら、私はもうひとつ興味深い事実に気がついた。それは、同じ物語であっても、語られる度にいつも四回反復という形をとるとは必ずしも限らないということである。例えば、「インディアンと月」の話は、語り手にとってお気に入りの話であり、彼女はしばしばこの話を他人に話していた。しかし、物語そのものはいつも同じであっても、その語り方には状況によって多少の差が現れていた。

興味深いのは、そこに現れる語り手の気分と典型的な四回反復との相関性である。私の観察したところでは、語り手が非常に乗り気になって話す時、ストーリーはほぼ完全な四回反復という形をとることが多い。その反対に、語り手があまり乗り気でない時、また無理に物語をせがまれた時などにはこの型式がくずれ、くりかえしが行われなかったり、あるいは行われても四回までは行かなかったりする傾向があるように見受けられる。

この規則性に気付くようになってから、私はカイオワの物語を聞く際、語り手の気分を観察しただけで、そのストーリー展開が四回反復形をとるかどうかある程度予測できるようになった。それと同時に、始めのうちは退屈に感じていたこの型式もいつの間にか心地よいものになり、楽しめるようになってきたのである。

英語の中に生き続ける伝統

過去数十年の短い間にカイオワの言語共同体は、カイオワ語中心の状態から、過渡的なバイリンガリズムの段階を経て、英語中心の状態へと激しく変化した。それに伴い、成員間のコミュニケーションの媒体となる言語も、カイオワ語から英語へと切り替えられたのである。しかし、カイオワ語は完全に消滅してしまったのではない。それはカイオワが話す英語の中に言語使用の特徴としてその姿をとどめている。ここでは談話に現れる四回反復性という特徴に注目して考えてみたが、研究が進めばもっと他にもたくさんの特徴が発見されるにちがいない。

この事実はカイオワの言語共同体がカイオワ語に代わって英語を使うようになったとはいっても、

星条旗とカイオワ旗を掲げて行進する戦士集団

呪医に清められる

その言語使用の特徴においては依然として伝統的なものを引き継いでいるということを意味している。少数民族の言語共同体が強大な言語と接触することにより生じる変化は、これまで目につきやすい構造面の変化にのみ注目して研究がなされてきた。しかし、カイオワの英語談話は、民族語の持っていた特徴は英語における言語使用の微妙なディテールの中にも継承され得るのだということを示唆している。そのような特徴が維持されている限り、カイオワの話す英語は白人の英語とは明らかに異なる「カイオワの言葉」なのだと私は考えている。

白人の器にインディアンの魂を込める

白人の言葉をインディアン流に使うのがインディアン英語の特徴だとすれば、それと非常によく似た興味深い現象が政治的儀礼にも見られる。カイオワの新しい部族事務所の完成を祝う式典で、私はひとつの非常に印象深い光景を目撃した。

米国政府からの資金によって建設されたこの新庁舎の開所式には、内務省インディアン局の役人をはじめとして、地元政治家、地方政府行政官、インディアン他部族の指導者、等の有力者が来賓として参列した。カイオワ部族にとって政治的にも外交的に非常に大きな重要性を持ったイベントである。当然ながら来賓のほとんどは白人であった。そのような状況で行われる式典は白人に理解され承認されるようなやり方で実行されなければならない。同時に、カイオワの民族的統合の象徴としての役割も果たす必要がある。カイオワはこの困難な課題を実に創造的な方法でやり遂げた。

アメリカにおける典型的な式典では、会場に星条旗が必ず掲揚され、地元ハイスクールのブラスバンドが国歌や愛国的なマーチを演奏する。人々はフォーマルな服装で現れる。女性は美しく着飾り、男性はネクタイを締め、ダークスーツを着用する。式は主催者の挨拶と政治的配慮で選ばれた来賓の祝辞で始まり、キリスト教の牧師が祈禱を行い、全員が新しい建物に対する神の祝福を祈念する。そして建物の入口にかけられた綺麗なリボンがハサミを使って切って落とされ、人々は順番に新しい建物の中に入る。

カイオワの部族事務所の落成式はこれらの形式的条件のすべてを忠実に満たしていた。ただし、その内容を巧妙にインディアンのものに置き換えていた。

まず星条旗は確かに掲揚されていた。しかし、同時に、馬上のカイオワ戦士をかたどったライトブルーのカイオワ部族旗もまた掲揚されていた。招待された地元ハイスクールのブラスバンドの演奏もあった。しかしその役割は式典の始めのうちだけに限られ、後半部はパウワウと同じインディアンのドラマーと歌い手が主役をつとめていた。白人の来賓はフォーマルな服装で現れ、インディアンもまたフォーマルな服を着て現れた。ただしそれは白人の服ではなく、インディアンの儀礼用の服だったのである。

最もドラマチックな演出は入口での儀礼に見られた。インディアンたちは伝統的なティピでは常に東側に出入口を作るという風習に基づいて、建物の正面玄関ではなく、東側にある小さな職員用出入口を式典のための重要な場所に選んだ。そしてその前にはリボンの代わりにティピがドアを覆うように半面だけ張られていた。その入口は糸でとじられており、ハサミで「リボンを切る」という行為はナイフによってティピの入口を縫い合わせていた「糸を切る」という行為に置き換えられていた。

式典にはキリスト教の牧師が招かれ祈禱も行われた。しかし、同時に、インディアンの呪医も招かれていた。そしてティピの入口を裂いて中に入る場面では儀礼の主導的な役割を果たし、白人参席者を含む全員の頭に鷲羽根の扇子で杉葉の煙をあおぎ、彼らの身体と魂を清めた。その頃にはドラムの音が大きく響き、インディアンの歌声が会場全体を包んでいた。しばらくして外での式典が完全に終了するとともに、新しい建物の中では祝賀のパウワウが始まった。

白人の目から見れば、それは正真正銘のビルの落成式であった。アメリカ文化が認める適切な式典としてのすべての要素がそこにはあった。しかし、インディアンの目から見ると、それは疑いなくインディアンの儀礼なのである。その証拠に、式典は様々なインディアン文化の象徴で覆い尽くされていた。

白人の器の中にインディアンの魂を込める。それが白人世界の中でインディアンが生き続けていくために必要な生存方略なのである。自分たちの集会の日をわざわざアメリカの独立記念日（七月四日）に重ねることによって国家に対する忠誠を装いつつ生きのびたネス・パース族のように、カイオワも圧倒的に優位な白人文化の中で巧妙に「擬態」をとりながら、したたかに生き続けていくことだろう。

第13章 言語から覗くカイオワの認識世界

最後に、私にとってオクラホマにおけるフィールドワークの最大の目的であったカイオワ語について少しお話ししたい。

カイオワ語は、英語や中国語等ユーラシア大陸の言語はもちろん、アメリカ大陸の他の先住民諸語ともかなり異なったユニークな特徴を多く持っている。そのすべてを網羅するのは大著を書くに等しい企てになるので、とても本書の手に負える仕事ではない。そこで、ここでは一部の文法現象のみに注目して、カイオワ語の特徴を紹介したいと思う。多少専門的な説明になってしまう部分もあるかもしれないが、言語はそれを話す話者の認識世界を映す鏡のようなものである。私自身の場合がそうであったように、読者にとっても、カイオワ語を通してカイオワ独自の認識世界を覗いてみることは、きっと新鮮な異文化体験となるに違いない。

カイオワ語の難しさ

カイオワの部族としての出自が謎に包まれているように、カイオワ語も周辺のどの言語とも同族関係を打ち立てられない孤立語ではないかと、かつては考えられていた。しかし最近になって、カイオワ語はタノ系諸語（テワ語、ティワ語、など）との間に遠い類縁関係があることが確認され、「カイオワ・タノ語族」という新しい語族が広く認知されるようになった。

通常二つの言語が類縁関係にある姉妹語であるということは、両語が同一の祖語から分岐したものであることを意味する。したがって、カイオワ・タノ語族を認めることは、カイオワの祖先とタノ系諸部族の祖先がかつては同一であったかもしれないということを含意する。タノ系諸部族は、米国南西部のニューメキシコ州リオグランデ川流域に集落（プエブロ）を形成して生活を営む農耕民である。一方カイオワは、はるか北方ロッキー山脈東側のモンタナ州の山岳地帯に発し、長い流浪の旅の末に南部平原にやって来た狩猟民である。カイオワが過去に農耕を行っていたらしい形跡は全くない。

実際、典型的な平原インディアンであるカイオワと定住性のタノ諸部族は、ルース・ベネディクトが名著『文化の型』の中でニーチェ哲学の用語を借りて「アポロ型」（極端な非日常性よりも、平和で調和のとれた日常性の中にこそ人生の価値を見出す態度）と「ディオニソス型」（平凡な日常的体験ではなく、その対極にある非日常的で極端な体験に価値を見出す人生態度）と対比的に特徴づけたような、きわめて対照的な気質と文化のパターンを示している。そのような二つの民族が歴史的にどう繋がっていたのかは、今のところ謎に包まれたままであり、将来の考古学的研究の成果を待つほかにない。

その一方で、文化的にカイオワと類似した特徴を持つ他の平原インディアン諸部族（例えば、クロウ族、スー諸族、シャイアン族、など）の言語は、文法構造的に見て明らかにカイオワ語とは異なっているのである。言語的類縁関係と文化的類縁関係が全く一致しないところに、カイオワ語の大きな特徴があり謎がある。

西洋人によって研究されてきたカイオワ語

これまで北米先住民の言語と文化は、ほとんどフランツ・ボアズをはじめとする白人の研究者によって調査研究されてきた（白人以外では、アジア系のアオキ、ヤマモト、リー、それに先住民系のオルティス等、ほんの一握りの研究者がいるにすぎない）。したがって、北米先住民は、ほとんど白人研究者の手によって、その文化資料が収集され、民族誌的事実が書き留められ、音声や映像の形で記録されて大学や博物館に保存されてきた、といえるだろう。彼ら白人研究者の精力的な努力のおかげで、我々は過去のアメリカ先住民文化について多くの情報を手にすることができるのである。

しかし同時に、先住民の言語と文化が西洋語と西洋文化の「眼鏡」を通じて、観察され、記述され、評価されてきたという事実が、収集される資料の選別と解釈に近代西洋的な歪みを与えていることは否定できない。特に一九七〇年代後半になると、「近代」という世界史的時代の中で非西洋世界の文化が西洋文化の眼鏡を通じてのみ眺められ語られてきたことに対する批判と反省の声が徐々に高まってきた。一般にポストモダニズムと呼ばれるこの思想的運動は、西洋世界の人々の先住民文化に対する態度と見方に大きな修正をせまっている。

私がインディアンに関心を持ちはじめた頃、ポストモダニズムはまだ大きな流れにはなっていなかったが、私の心の底にはアメリカ先住民文化の解釈における西洋的バイアスを打ち壊したい、という気持ちがかなり強くあった。西洋人の研究者が発見できなかったことを発見し、彼らが思いつかなかった解釈を見つけだすことが、自分の仕事ではないだろうかと考えていた。

もちろん、問題はそれほど簡単ではない。西洋的バイアスを排するといっても、ただ単に西洋文化の視点の代わりに日本文化の視点をもってアメリカ先住民文化を見るのであれば、ひとつのバイアスを別のバイアスで置き換えたにすぎないだろう。また我々日本人は、一世紀以上をかけて西洋から近代科学を学び続けてきており、私自身も米国で人類学の専門訓練を受けてきた。したがって、自分では気づかずに借り物の西洋眼鏡をもって物事を見る過ちを犯している可能性もある。

言語研究の分野においても、先住民の言語は西洋語を介して観察記録され、西洋語の文法理論に基づいて、人称、数、性、時制、などの範疇をあてはめられ、解釈されてきた。確かに、西洋語と同じ文法範疇を用いて分析記述されたことにより、異なる言語間の対照比較は容易になった。しかしその反面、個々の先住民諸語が持つ独自の特徴は看過ごされることになり、その言語が持っている本来の構造にはそぐわない不自然な形式に押し込められ歪められる、という問題も生じている。

カイオワ語も、そのように不自然な枠にはめられながら研究されてきた言語だった。これまでカイオワ語はすべて英語を母語とする白人研究者によって研究され、英語の視点から分析・解釈されてきた。その結果、カイオワ語はきわめて不合理であり、恐ろしく複雑で不規則的な構造を持った言語であるかのように見えてしまう。これでは、カイオワ語を学習し、記憶し、使用することがきわめて困難であり、民族語を話したいと望む若いカイオワたちの学習意欲も挫かれてしまうだろう。

研究者が複雑にしたカイオワ語

例を一つあげてみよう。カイオワ語は、日本語と同様に動詞が文の末尾に来る、いわゆるSOV（主語・目的語・動詞）型の文構造を持った言語である。また日本語と同じように、主語と目的語はかなり自由に省略することができる。その代わりに、動詞に対する主語目的語等の関係は、動詞に必ず付加される代名詞的接頭辞によって表示される。そこは日本語とは大きく異なっている。英語、日本語、カイオワ語の基本的な文型を比較してみると次のようになる。

英　語　の　基　本　文　型：　主語＋動詞＋目的語
日本語　の　基　本　文　型：　（主語－助詞）＋（目的語－助詞）＋動詞
カイオワ語の基本文型：　（主語）＋（目的語）＋　代名詞的接頭辞－動詞

（注：カッコで括られた文構成要素は、省略が可能であることを示す）

実際の文例をいくつか見てみよう。

(1) c'ow gya-bin
岩　それが-大きい　(岩は大きい)

(2) cegun gya-donmo
犬　私が/それを-探している　(私は犬を探している)

(3) khiideel em-towto
昨日　私が/あなたに-会う　(昨日私はあなたに会った)

(4) k'yaahĩi kut yan-oo
男　本　私が/彼に/それを-与える　(私は男に本を与えた)

ここでは上の行にカイオワ語の文を、左に各語に対応する意味を、そしてカッコの中に文全体の日本語訳を示している。これを見れば、カイオワ語は動詞が文末に来る言語であり、主語や目的語はしばしば省略されることが分かるだろう。しかし、仮に省略されたとしても、その関係は動詞の前に付加する代名詞的接頭辞によって示されているので容易に理解することができる。

上の例文を注意深く観察した読者は、日本語や英語の常識からすると奇妙な現象が存在していることとに気がついたかもしれない。それは、カイオワ語では「私が／それを」や「私が／あなたに」といったように主語目的語の二つの語が融合してひとつの語（接頭辞）になっているということである。なかには「私が／彼に／それを」のように、主語・間接目的語・直接目的語の三つがひとつに融合しているように見えるものもある。

言語学者としてカイオワ語を最初に研究したジョン・ハリントンは、人称（一人称、二人称、三人称）、数（単数、双数、複数、逆数）、ジェンダー（生物、無生物、集合物）、それに主語、直接目的語、間接目的語といった西洋文法の基本範疇を用いて、カイオワ語の代名詞を記述しようと試みた。

その結果、彼が行き着いたのは、「主語系列」（自動詞の主語を示す）、「他動系列」（他動詞の主語と直接目的語を示す）、「再帰系列」（他動詞の主語と再帰（主語と同一の）目的語を示す）、「主語・指示系列」（他動詞の主語と間接目的語を示す）、「他動・指示系列」（他動詞の主語と直接目的語と間接目的語を示す）、「再帰・指示系列」（他動詞の主語と再帰目的語と間接目的語を示す）の六つの表に分類整理される膨大な数の代名詞的接頭辞の体系を認めることであった。各系列は、それぞれの変数について三つの人称と四つの数および三つのジェンダーの組合せが可能なので、理論的には千を超える数の代名詞が存在することになる。実際にハリントンが周到な観察によって確認することができた（と信じた）ものだけでもゆうに四〇〇を超える。ただし、その中には同じ語形をしているものがかなり含まれている。

ハリントンは、その著『カイオワ語彙集』の巻末に延べ一五頁にわたって代名詞的接頭辞をリストアップしているが、このように膨大で複雑な代名詞の体系は、ネイティブにとってさえ容易に学習することが可能なのであろうか。いや、そもそも自然言語として存在しうるものだろうか。さらに、それはカイオワ語が本来持っているものではなく、彼が用いた分析の枠組みが作り出した人工的産物である可能性はないのだろうか。

カイオワ語の「数表示」

もうひとつ、カイオワ語の数表示現象についても見てみよう。数表示とは、英語の単数および複数のように、語が指している事物の数を区別して示す文法的過程を意味する。英語の普通名詞は、必ず単複どちらかの形をとらなければならない（たとえば、"book"と"books"のようにである）。どちらでもない、あるいはどちらでもよい、ということは、英語では許されない。その意味では、英語の数表示は強制的である。

日本語と比較してみると英語の特徴は明瞭になる。日本語では通常名詞の数は特に表示される必要はない。したがって「本」は一冊の本を指す場合もあれば、数冊の本を指す場合もある。一部の名詞については、必要な場合にのみ重複や接尾辞の付加によって（「山々」「家々」「僕ら」「狼たち」というように）複数が標示されることがあるが、その表示は随意であって強制的ではない。

英語では、一般的に単数が「原形」で、複数には接尾辞が付加した「変化形」（特別の標識がつくという意味で「有標形」と呼ばれる）が用いられる。

単数	複数	意味
apple	apple-s	リンゴ
house	house-s	家
ox	ox-en	雄牛

一部に母音交替を伴う不規則形がある（例えば、“man”と“men”）が、その場合も単数が原形で複数が変化形であることは変わらない。その証拠に「人工」を意味する熟語は“man-made”であって、“men-made”ではない。また、「鳥肌」は“goose-flesh”であって、“geese-flesh”とはいわない。どちらも原形が使われている。

単数	複数	意味
man	men	男、人間
goose	geese	ガチョウ

ところが、同じ文法的範疇を用いてカイオワ語を観察してみると、きわめて奇妙な現象が現れてくる。数表示のパターンが西洋語のように単純明快ではなく、複雑かつ一貫性のないものになってしま

うのである。

例を見てみよう。一部のグループの語においては、カイオワ語は、英語同様に単数が原形で複数が接尾辞の付加した有標形になる。

単数	複数	意味
iitha	iitha–do	娘
ceyn	ceyn–go	犬

これは英語と同じパターンであり分かりやすい。しかし別のグループの語では、これとは逆に複数が原形で単数が有標形になる。

単数	複数	意味
aa–do	aa	木、樹木
khoo–do	khoo	ショール

このように数表示のパターンは英語とは全く逆になっている。しかし単数と複数という二分法は維持されている。その点ではまだ理解可能といえるかもしれない。

ところが第三のグループでは、双数（特殊な複数で、被指示物が一対（二個）である場合）が原形であり、単数（一個）および複数（三個以上）が有標形になっている。

双数	単数または複数	意味
aloo	aloo-bo	プラム
k'on	k'on-do	トマト

この場合には、単数と複数（ただし三個以上）がひとまとめにされているのである。これは、西洋文法の視点から見るときわめて不規則的である。

さらにカイオワ語には、数のいかんを問わず基本形のみが現れ、有標形の全く存在しない名詞も多数ある。これは、英語の質量名詞（mass nown）に似ているが、英語よりもはるかに広い範囲の語を含んでいる。

カイオワ語（単／双／複）	意味
c'ow	岩石
kii	肉
howlda	衣類

以上のように、西洋文法の範疇で見る限り、カイオワ語の数表示は非常に複雑な現象であり、そこには単純明快な規則性は見られないということになる。

kut　書き物（本、手紙、書類、絵、等）

西洋文法のバイアス

このような奇妙な事実に直面した言語学者たちは、「基本数」と「逆数」という概念を用いて問題を解決しようとした。基本数とは個々の名詞が「本来持っていると考えられる」数であり、逆数とは論理的に基本数の補集合となるような数の意味である。この解釈によると、基本数が単数の場合は複数が逆数となり、また基本数が複数の場合は単数が逆数となる。また基本数が双数の場合は、単数と複数の両方が逆数となる。

この見方は、単数・複数という英語文法の範疇の直接的制約から多少自由になったという点で、明らかに一歩前進であり、これによってカイオワ語の数表示は論理的に整理されたように見える。しかし、なぜある語は単数が基本であり、またある語は複数が基本であるのだろうか。その理由が全く分からない。我々は、ただ不可思議な現象として、その事実を受け容れる以外にないのである。

一体この解決法はカイオワ語が本来持っている認識法を適切に反映しているのだろうか。いや、そもそもカイオワ語も西洋諸語と同じように単複の数表示にこだわっているのだろうか。カイオワ語において数表示は強制的なのであろうか。

数表示が任意である日本語を母語とする研究者として、私にはあくまで数を普遍的な範疇として疑わないアメリカ人の言語学者の頑固な態度がきわめてエスノセントリック（自文化中心的）であるように思われた。カイオワ語の数表示の奇妙さと複雑さは、もともとは西洋語の持つ特徴を合理的に捉えるために考案された西洋文法の範疇をそのままあてはめたために現れた、きわめて不自然な人工的な現象なのではないのだろうか。

私がカイオワ語を研究しようと思ったひとつの大きな動機は、先住民族の言語研究に含まれている西洋的バイアスを指摘し、それを取り除いてカイオワ本来の姿を捉えたいということであった。そのために私は意図的に西洋語の範疇から自由になってカイオワ語を見るように努めた。もちろん私自身はカイオワではないし、西洋語的バイアスは少ないとしても日本語的バイアスが存在しているかもしれない。しかし仮に存在していたとしても、それは圧倒的に優勢な西洋語的バイアスに対する批判的対抗物としての意味を持つであろうと、きわめて楽観的な態度をもって、私はこの課題に取り組むことにした。

カイオワ語独自の意味範疇を探す

言語学者のエドワード・サピアとベンジャミン・ウォーフが指摘したように、言語構造とその言語を使って行われる習慣的思考のパターンは密接に関係している。したがって言語を分析することによって、それを母語とする人々の集合的な認識世界を（少なくともその一部を）を窺い知ることが可能であるはずだ。

人類学者は、ひとつの民族がもつ世界観や認識体系に迫る有力な手段として、しばしば言語を利用する。言語は、集団にとって共有された認識の貯蔵場所のようなもので、そこには世代を越えて蓄積されてきた知識や知恵が体系的に埋め込まれている。個人は、その成長発達の過程でひとつの言語を母語として獲得し、それを使用し続けることにより必然的にその言語と結びついた認識法を獲得するのである。

私が最初に目指したのは、西洋語の範疇をそのまま利用するのではなく、カイオワ語独自の文法範疇を探すことであった。すでに見たように、カイオワ語の名詞は接尾辞の付加パターンという形態的事実に基づいて四つのグループ（名詞群）に分類される。それを表1に示してみた。名詞が語尾変化のパターンによっていくつかのグループに分かれるという現象は、西洋語のいわゆるジェンダー（文法的「性」）に見られるが、カイオワ語の場合は、西洋語のジェンダーとは異なり、性とは対応していない。それでは、カイオワ語の名詞群はどのような意味範疇と対応しているのであろうか。

この表をじっくり観察すればわかるように、各名詞群にはある程度共通の意味傾向が見られるようである。ただし、それは瞬時に把握できるほど明瞭なものではない。例えば、第1群には人間と人間以外の動物が含まれているのだが、同時に身体部位と非動物性の物体も含まれている。また、第2群には植物の他に、動物質、植物質、鉱物質の雑多な物が含まれており、その間の共通性はそれほど自

表1：数表示のパターンに基づくカイオワ語の名詞群

第1群：	k'yaahii（男）, maii（女）, pabii（兄弟）, koy（カイオワ）, t'ap（鹿）, t'ay（卵）, kuudo（鳥）, gowmthow（背骨）, then（心臓）, taade（眼）, heeii（人形）, ookosom（鏡）, k'odal（車輪／自動車）, k'oo（ナイフ）など
第2群：	aa（木）, zownaa（松）, aahii（コットンウッド）, pep（灌木）, k'op（山）, phoaate（球）, hoo（鉄塊）, t'ay（キャンバス布）, cat（扉）, piaa（食卓）, bimkhoy（袋）, poo（ビーズ）, thowsee（骨）, mon（手）, onsow（足）など
第3群：	ol（髪）, aloo（プラム）, k'on（トマト）, thowt'owloo（オレンジ）など
第4群：	c'ow（石）, kii（肉）, towde（履き物）, yaypo（綱）, thown（水）, tegya（氷）, cowy（コーヒー）, saacowy（尿）, saada（冬）, gowmgya（風）, tow（住みか）, howlda（衣類）, kunngya（踊り）, phan（空／雲）, kut（書類）など

表2：カイオワ語名詞群と共通の意味傾向

第1群：	動物とその中枢的身体部位、および特別な「生命的な力」を持った物
第3群：	動植物の本体から生長して出てくる物
第2群：	動物の末端的身体部位、および植物、鉱物質で定まった形を持っている物
第4群：	動物、植物、鉱物質、あるいは抽象物で、定まった形を持たない物

表3：カイオワ語名詞群の示差的意味特性

名詞群	示差的意味特性		
第1群	＋アニマ性	－果実性	＋定形性
第3群	－アニマ性	－果実性	＋定形性
第2群	－アニマ性	－果実性	＋定形性
第4群	－アニマ性	－果実性	－定形性

明ではない。

このことは、カイオワ語の名詞を分類している意味範疇が西洋語と異なるのみでなく、我々が慣れ親しんでいる近代科学的世界観ともやや異なっているらしいことを示唆している。このような現象に直面した時、我々は、言語学者ケネス・パイクが提唱したように、外側から既存の範疇（エティック）を無理やりあてはめるだけで事足れりとするのではなく、ネイティブにとって自然なカイオワ独自の範疇（エミック）を見つけ出すことを試みる必要がある。

表2に示したのは、四つの名詞群のそれぞれについて注意深い観察によって特定された共通の意味傾向である。

多くの言語において、意味論的に最も重要な切れ目は「動物」と「非動物」の間の区分にある。カイオワ語の名詞分類においてもこの区分は明瞭に現れている。表1からもわかるように、人間および動物を指す名詞はすべて第1群に属している。第2群、3群、4群に含まれる動物名詞はひとつもない。同時に名詞における逆数表示のパターンに注目する限り、人間と他との動物の間には特に差が見られない。したがって、人間と他の動物は同等にみなされているということになる。

しかし、第1群に含まれるのは動物名詞だけではない。人形、鏡、自動車、小刀など、近代科学的世界観では「動物」とはみなされない物も、この名詞群には含まれている。したがって、第1群の基底にある意味範疇は、通常の意味での動物性よりも広い意味を持っている。そのような概念を指す適切な言葉は現代日本語には存在しないので、ここでは言語学で用いられる“animacy”という語を借りて仮に「アニマ性」と呼ぶことにする。とすれば、第1群の名詞が共通に持つ意味特性は「プラスアニマ性」であり、他の群の名詞はすべてアニマ性を欠いている（すなわち「マイナスアニマ性」）ということになる。

次に第3群の名詞を見てみよう。これはごく少数の名詞のみが含まれる小さな名詞群であり、植物の果実と人間の頭髪を指す語に限られている。その間の共通性は、すべて植物および人体の本体から生長してくる（そして最終的には分離する）もの、という点にある。そのような概念を指す便利な言葉はないので、ここでも仮に「果実性」と呼ぶことにする。第3群を特徴付ける意味的特性は「プラス果実性」であるといえる。一方、他の名詞群はすべて果実性という意味特性を欠いている（すなわち「マイナス果実性」である）。

第2群のメンバーは主に植物（樹木および草）である。それ以外では植物質または鉱物質の物品のほとんどがこのクラスに含まれている。同じ北米のナバホ語では、名詞がその指示物の形態によって細かく分類されている（例えば、丸い、細長いなど）ことが知られているが、カイオワ語でもやはり形態は重要なようである。ただし、カイオワ語にとって重要なのは、物の形態差ではなく、それが一定の形態を持っているかいないかということ（つまり定形性）である。

その点に着目してみると、第2群の名詞が指示する物品はすべて定まった形を持っていることがわかる。この特徴は、第4群の名詞と比較した時に際だってくる。そこで、第2群の共通意味特性は「プラス定形性」であるとすることができる。

第4群には生物はひとつも含まれていない。その一方で、夢、踊り、狂気などといった抽象的な概念や、冬、空／雲のような、典型的な不可触物がこのクラスに含まれている。また可触物ではあっても、少数の例外を除くと、この語群に含まれるものは、質量はあるが形態が一定していない（例えば、肉、石、泥、流体、液体）。また、一見定形物を指すかのように思われる名詞でも、その意味を注意深く検討してみると、実はかなり一般化された意味を持っていることがわかる。

例えば“kur”は、本を指すこともあるが、また同時に新聞、メモ、手紙、書類、絵その他、書かれたり描かれたりしたもの一般に適用される。したがって、「書き物」というような一般化された意味を持つと判断される。同様に、“howlda”も特定の形をした服というよりも、衣料あるいは身体被覆物一般を意味する語と解釈した方がよく、定形性を持つとは言いがたい。したがって、第2群と意味的に比較した場合の第4群の顕著な特徴は、定形性の欠如（すなわちマイナス「定形性」）にあるといえるだろう。

このように、カイオワ語の四つの名詞群は、「アニマ性」、「果実性」、「定形性」という三つの基本的な意味特性の組み合わせによって構成される意味範疇に対応していることがわかる。それを表3に示した。

小宇宙としての身体

身体部位は多くの言語において動物非動物の境界上に位置しており、その分類も微妙だ。カイオワ語においても、別表に示されているように、身体部位を指す名詞はすべてのクラスに分布している。身体は、しばしばそれ自体が象徴的に小さな宇宙に擬せられることがある。したがって、身体部位の分類それ自体が、世界の事物の分類一般と近似的に同型になっていたとしても、驚くにはあたらないだろう。事実、カイオワ語においても身体部位は、世の万物と同様、一般的な生物性の序列に従って分類されているように見える。

第1群に属する身体部位は、機能的観点から見ると、非常に重要な生命維持機能を持っているもの（心臓、肝臓、背骨、等）か、重要な感覚機能を司っているもの（目、耳、舌、等）、のいずれかである。またその数も各個体に一個か一対に限られている。そこでこのグループの身体部位も、「プラスアニマ性」という意味特性を有していると認めることができる。

それに対して、第2群に属するものは、どちらかというと機能的に周辺的または道具的（手、足、ペニス、等）である。また、一個体に多数存在するもの（骨、羽根、等）もある。第2群の身体部位は、明らかに「マイナスアニマ性」であり、第1群に比べて序列的には下位に位置しているとみなしうるだろう。

第4群に属するもの（肉、動物の乳房、等）も、また機能的には周辺的である。また第1群および第2群のものとは対照的に、常に固定した形をとるということではなく、不定形のかたまりとして現れる傾向にある。したがって「マイナス定形性」である。

第3群には身体部位としては、“ol”（頭髪）だけが含まれている。もし髪は人体という幹になる

「果実」であるとみなすことが可能であるならば、その意味特性は「プラス果実性」であると考えることができる。

このように、カイオワ語では身体部位も動物非動物を含んだ世界の事物一般の分類と同じ意味論的原理に従って分類されているのである。その様子は、身体がひとつの独立した小宇宙を構成していると見られているかのようである。

名詞分類に反映された世界認識

以上の分析で明らかになったように、カイオワの名詞分類体系は意味論的に全く恣意的なものではない。それは明らかに「アニマ性」、「果実性」、「定形性」という三つの基本的な意味特性に注目した、階層的な世界認識に対応したものである。この分類体系は、我々日本人の日常的な世界認識と一致するものではないが、少なくとも注意深い観察によって追認できるほどの明瞭性は有している。

ここでもう一度数表示の問題に戻ってみよう。カイオワ語では、なぜ第1群では複数の場合に、また第2群では、なぜ単独の場合に「逆数」表示がされるのだろうか（なぜその逆ではないのだろうか）。また第4群では、なぜ「逆数」表示が全くなされないのだろうか。さらに第3群では、なぜ対（二個）になっていない場合に「逆数」表示がされるのだろうか。そもそも、名詞群の存在は何を意味しているのだろうか。これらの疑問に対して機能的に自然な説明を与えることが次の課題である。

一般的に言って、話者は自らの発話の内容が関与しているすべての事物に均等に注意をふり向けるということはしないものである。話者は、一般に自分に近いものに対しては細かい注意を払うが、遠いものに対してはわずかの注意しか払わない（注意の〝自己中心性〟）という心理的傾向を持っている。例えば、話者は一般に第三者よりも会話の参加者（話者自身と聞き手）に注意をふり向ける傾向にある。また、抽象物よりも具体物に、非動物の物体よりも動物に、動物よりも人間に、より大きな注意を払う傾向にある。このような話者の持つ自然な心理的傾向が、語順や格表示、態の選択や数表示などの文法的過程とも深く関連しているという事実は、機能文法の発達により徐々に明らかになってきた。

カイオワ語においても同様の心的機制が働いていると仮定される。すなわち、人間や動物など、自ら運動したり発光したりすることができる「アニマ性」のものは、当然話者の高い注意を引きやすい。そのために、自然に周囲から浮き立って「図《ず》」（「地《じ》」に対する）として認知されやすい。ゆえに、個別化された認知に結びつく傾向にある。それに対して、「アニマ性」を持たず低いレベルの注意しか引かないものは、「図」として浮き立つ可能性が少ないので、個としてよりも集合として認知されやすい、という自然の心理的作用がそこには働いていると考えられる。

以上のような仮定のもとに考えれば、「アニマ性」を持っていて話者の注意を最も引きやすい第1群の名詞が指す対象物は個別的に認知されるのがあたりまえであるということになる。つまり、個別化されている時（つまり数的には単数の時）が平常の状態であり、集合化して個別性が失われる時（つまり数的には複数の時）がマークされるべき状態となる。これは複数が有標形になるという形態的事実と一致する。
「定形性」は持つが「アニマ性」を持たないために話者の注意をそれほど引かない第2群の名詞は、逆に指示物が個としてではなく集合として認知されている時（つまり数的には複数の時）が平常の状態であり、個別化されている時（つまり単数の時）が特別な状態となる。これもまた、単数が有標形となるという形態的事実と対応している。

第3群は最も解釈が困難なグループであるが、髪を例にとって考えてみよう。カイオワは伝統的に、他の平原インディアン同様、髪は三つ編みにして左右に垂らしていた（ただし片方は耳の下で切って短くする）。したがって、カイオワにとって髪は束ねられて二連あるのが平常態だったと言えるだろう。たった一連、あるいは三連以上あるのは、不自然な（したがって標示されるべき）状態になる。もしこれを第3群の意味論的プロトタイプ（原型）とみなすことができるならば、なぜこのクラスでは対になっていない場合に（すなわち数的には単数と複数が）有標形を取るのかという疑問に対する説明が可能だ。ちょっと弱い推測的な説明ではあるが、私は今のところこれ以上の説明を持ちあわせていない。

第4群の名詞が指すものはみな無生物であり、そのうえ不定形であって、容易には個別化され難い。また手で触れることのできない抽象的な事物も多い。そのために、話者は、個別化・集合化ということには無関心なのだろう。このグループの名詞が有標型を持たないのは、そのためであると思われる。

このように考えると、これまで「数」を表しているとされていたカイオワ語名詞接尾辞が、実は指示物の「数」ではなくその個別化における「非平常態」を示す記号であるらしい、ということがわかってくる。そして、従来逆数と考えられていたのは、実は指示物が個別化という点で平常態からはずれている状態のことだったのだ。カイオワ語のいわゆる「数表示」は、決して不合理で不規則な文法現象ではない。そこにはカイオワ語独自の世界認識とロジックが反映されているのである。

結語：言語と文化の多様性についての覚え書き

最近の自然人類学の目覚しい発展は、今日地球上に生きているすべての人類が今から僅か一〇万年から二〇万年ぐらい前にアフリカに出現した共通の祖先から進化したものであることを教えてくれる。すなわち、人類は、人種や民族のいかんを問わず、生物学的には単一の種「ホモ・サピエンス・サピエンス」（「新人」とも呼ばれる）に属しているのである。

新人が最初にアフリカに登場してきた時、それはごく小さな集団であったに違いない。言語的にも文化的にも、きわめて均一であったはずだ。それが自然淘汰の圧力に耐えて生き残り、アフリカを出て西アジアから南アジアを経て東南アジアやオセアニアに、また北はヨーロッパから北アジアや北東アジアに、そして更に南北アメリカへと生息域を拡大する過程で、爆発的な多様性を生み出してきた。新人の地球規模の拡散は、言語と文化の百花繚乱状態を作り出したのである。言語学者によってこれまでに確認されている人類言語の数は、五千にも及ぶ。もちろん、言語学者にその存在を知られることなく消滅した言語も相当数あったにちがいない。

しかし、そのような豊かな多様性を持った人類の言語と文化も、近代化とグローバル化の進展とともに徐々に失われ、急速に均一化の道をたどりつつある。それはあたかも進化の歯車がものすごい勢いで逆回転を始めたようなものだ。遠からぬ将来、人類はまた元の均一な状態に戻ってしまうのかもしれない。実際、既に数多くの民族語が少数の優勢言語にとって代わられている。中でも世界語としての英語の膨張は突出しており、フランス語やロシア語等、ほんの半世紀前の優力言語にさえ絶滅の予兆と危機感を感じさせる状態である。

今日我々が目撃しているのは、人類進化の歴史の中で「多様化の段階」と特徴づけられるようなステージが急速に終幕を迎えつつある場面であるようだ。その意味では、今日の北米の言語状況は、地球上の他の地域よりも一歩進んだ段階にあると思われる。カイオワが今直面している困難な状況は、実は日本人が明後日に直面する状況かもしれない。

我々は言語と文化の多様性が持つ価値について、ここでじっくりと問い直してみる必要があるだろう。もし今日の世界に半分色あせながらもまだ残っている人類文化の多様性が、将来の人類の生き方と意識のあり方の多様な可能性を示唆しているのだとすれば（私自身はそう信じたい）、個々の民族が具体的な形で体現している人類の多様性をいま正確に記録し正確に理解しておくことが重要な意味を持つ。

そのような仕事を効果的に遂行するためには、西洋的（あるいは近代的）バイアスを取り除いた眼で問題を見ていくことが必須の条件になるだろう。西洋（あるいは近代）世界の拡大によって消滅していった非西洋世界の言語と文化が、西洋文化と西洋語文法の枠組みを通してのみ観察され、解釈されて記録に残されるとしたら、人類文化と言語の多様性という貴重な資産の大半は既にそこで損なわれてしまうからである。もちろん問題は西洋文化のみに限らない。我々日本人自身の怠惰なエスノセントリズム（自文化中心主義）によるバイアスもまた同様に警戒する必要がある。

どんな民族のものであれ、人類の多様性と可能性を教えてくれる言語と文化を、我々は謙虚にまた冷静な眼で見つめなければならない。他人からの借り物で間に合わせようとせずに、自らの努力でしっかり捉えてみなければならない。それが、私がカイオワ語研究を通じて学んだ教訓であった。

終章　はるかなるオクラホマ

三度目の夏をオクラホマで過ごした後、私は友人に借りた旧式のトヨタカローラを運転してルート66を東に向かった。フィールドから帰る時はいつもそうなのだが、私の頭の中は新しく獲得した知識や経験でいっぱいになっていた。そのほとんどが未消化のまま落ち着かず、私の中で確固とした意味づけを待ちながら、ぐるぐると回っているようだった。だからニューヨークまでの長いドライブは、私にとっては自分の経験を何度も何度も反芻し記憶を沈静化するためにどうしても必要な時間であった。

その時、私はまた近いうちにオクラホマに戻れるだろうと思っていた。しかし実際には、それが最後のフィールド調査になってしまった。私はそれから二年半ほど費やして学位論文を書き上げ、ニューヨークの大学に提出して、日本へ帰った。

一〇年ぶりに戻った日本で、私は、英文雑誌の記事を翻訳したり、ビジネス文書を作成したり、会社員に英語を教えたりしながら毎日を過ごした。それは日本のビジネス社会を身近で見るという点では面白い経験ではあったが、インディアン研究に割く時間はほとんどなくなってしまった。仕事でアメリカに行くことはあったが、オクラホマを訪ねる機会はついに一度もなかった。私にとってオクラホマは、はるか彼方の想い出になりかけていた。

幸いなことに、二、三年後に文化人類学者として大学に雇われることになり、再び研究の自由にめぐまれるようになった。しかし、すぐにもとの研究に戻れるわけではなかった。私には、先に取り組まなければならない課題が日本国内にたくさんできていた。カイオワ研究はまた後回しになった。

それから数年経ち、私のゼミに北米インディアンに関心を持つ学生が現れた。ある日、彼は私に旅行のアドバイスを求めてきた。私は、自分のオクラホマ体験を彼に話した。彼は、私の話に興味を感じたようで、その後オクラホマに行ってアナダルコを訪ねた。そこで偶然、私を知っているというインディアンに出会った。それはスタンブリングベアーの息子Rだった。かつて父親がつとめていた野外博物館のガイド役を、今は彼が代わってつとめているのだ。私が知っているRはまだ一五歳ぐらいの痩身の少年だったから、今はもう三〇代の壮年になっているはずだ。学生の話では、今の彼はがっしりとした体格の「オジサン」になっており、私のことをよく覚えているという。急になつかしい思いがこみ上げてきた。同時に世代が変わったことを痛感した。

気がつけば、私が最後にオクラホマを去ってからかなりの歳月が過ぎてしまった。その間に私の知っていた多くの人が天寿を全うして世を去ったことは風の便りに聞いている。中には若くして病死した者もいる。それとともに、昔の子供たちは大人になり、多くの子供たちが新たに誕生しているはずだ。時の流れは、インディアンたちを変えている。また、私自身も変わっている。今度彼らを訪問した時には、私と彼らとの関係も、また私自身のカイオワ文化理解も、前回の単純な続きではありえないだろう。また新しい出会いと新しい発見を最初から繰り返すことが必要になるのかもしれない。その時、私の記憶の中にあるカイオワたちと眼の前のカイオワたちとがうまく繋がるだろうか。私はインディアン世界のリップ・ヴァン・ウィンクルになってしまわないだろうか。

私の中に、今度オクラホマを訪問する前にこれまで自分の記憶の中に蓄積されてきたカイオワの知識とイメージを何とかして書きまとめておきたい、という欲求が生まれた。折から、日本でもネイティブアメリカン文化に対する関心がようやく高まり始め、インディアンに関する出版もいくつか現れた。しかしそこに書かれている内容は、私にとって納得のいかないものが多かった。そのことが、自分の中で書かなければならないという気持ちを一層強くした。学術的研究の完璧を期していつまでも先延ばしにするよりも、たとえ不十分のものであっても、とにかく自分の中にあるものを書き留めて公表しておくことが重要なのだ、と考えるようになったのである。幸い、大学からしばらくの研究休暇をもらったので、その機会を利用して古いフィールドノーツや折に触れて書きためていたメモやエッセイや論文草稿を読み直し、この個人的な民族誌を執筆することにした。

書きながら、いくつかの新しい事実を発見した。フィールドでは気づかなかったことに後で気づくというのは決して珍しいことではないのだが、それがかなりの年月を経た後でもあり得るのだということは、新鮮な驚きであった。また、当時は全く理解できなかったことでも、今は理解できるようになっている、ということもある。私のフィールドノーツはオクラホマ時代から全く変わっていないのに、それを読む私自身が変化しているために、行間に読みとれる意味が異なっているのであろう。この間に起きた理解の変化を、私は、記憶の〝劣化〟ではなく〝熟成〟であると考えている。

人類学者のS・オッテンバーグが指摘しているように、民族誌という物語はフィールドノーツ（野帳に記した記録）とヘッドノーツ（頭の中にとどめた記憶）の緊密な相互作用の中でできあがっていく。はるか彼方のオクラホマを振り返りながら書いた私のインディアン物語も、そのような記録と記憶の創造的な相互作用の産物であることを信じつつ筆をおく。

〈参考文献〉

《一般向・日本語文献》

青木晴夫1979『アメリカインディアン』講談社新書

青木晴夫1984『滅びゆく言葉を追って』三省堂

阿部珠里1994『アメリカ先住民の精神世界』ＮＨＫブックス

祖父江孝男1976『文化とパーソナリティー』弘文堂

高橋順一1985a「沈黙の意味と汎化：カイオワ文化の場合」『民族学研究』49（4）

高橋順一1985b「マジックナンバー「4」：アメリカインディアンの英語談話にみる伝統的プラグマティクス」『民族学研究』50（1）：89-96

高橋順一1986「逆数の意味：カイオワ語逆数表示の機能主義的分析」『民族学研究』51（2）

高橋順一1989「北米インディアンにみる文化と青年期の問題」『青年心理』76号

高橋順一1998「北米インディアンの英語化と民族アイデンティティーの問題――カイオワ族の事例――」津田幸男（編）『日本人と英語――英語化する日本の学際的研究――』（日文研叢書14）国際日本文化研究センター

ダンデス，A．1980（池上嘉彦他訳）『民話の構造』大修館書店

トムスン，S．（編）1970（皆河宗一訳）『アメリカインディアンの民話』（民俗民芸双書49）岩崎美術社

ナイーダ，E．A．1977（升川・沢登訳）『意味の構造――成分分析』研究社

原ひろ子　1979　『子どもの文化人類学』晶文社

原ひろ子 1989『極北のインディアン』中公文庫

宮岡伯人　1987『エスキモー：極北の文化誌』岩波新書

モマディー，N. S.　1976（湯川秀子訳）『レイニ・マウンテンへの道』晶文社

ワトソン　1994（内田美恵訳）『ネオフィリア』ちくま文庫

《専門家向・英語文献》

Basso, K. H. 1970. To Give Up on Words: Silence in Western Apach Culture. "*Southwestern Journal of Anthropology*." Autumn.

Boas, F. 1966 (1911). Introduction to *"Handbook of American Indian Languages."* Lincoln: University of Nebraska Press.

Campbell, L. and Mithun (eds.) 1979. *"The Languages of Native America: Historical and Comparative Assessment."* Austinn: University of Texas Press.

Crowell, E. 1949. A Preliminary Report on Kiowa Structure. International Journal of American Linguistics 15: 163–67.

Fiddes, N. 1991. Meat: A Natural Symbol. Routledge.

Harrington, J. 1928. *"Vocabulary of the Kiowa Language."* Bureau of American Ethnology Bulletin 84. Washington, D.C.: US Government Printing Office.

Marriot, Alice. 1963. *"Saynday's People: The Kiowa Indians and The Stories They Told."* Lincoln: University of Nebraska Press.

Mayhall, Mildred, P. 1962. *"The Kiowas"* Norman: University of Oklahoma Press.

Merrifield, W. R. 1959. Classification of Kiowa Nouns. International Journal of American Linguistics. 25: 269–71.

Mishkin, B. 1940. Rank and Warfare among the Plains Indians. American Ethnological Society Monograph 3.

Mooney, J. 1979 (1898). Calendar History of the Kiowa Indians. BAEAR 17. Washington, D.C.: Smithsonian Institution.

Oswald 1996. This Land Was Theirs: A Study of North American Indians. (5th Ed.) Mountain View: Mayhall.*

Parsons, E. C. 1916. The Favorite Number of the Zuni. "*Scientific Monthly*" 3: 596–600.

Parsons, E., C. 1929, Kiowa Tales. New York.

Secoy, F. R. 1953. Changing Military Patterns of the Great Plains. American Ethnological Society Monograph 21.

Takahashi, J. 1984. Case-marking in Kiowa: A Study of Organization of Meaning. Ph.D. Dissertation. City University of New York.

Wonderly, W., L. F. Gibson, and P. L. Kirk. 1954. Number in Kiowa: Nouns, Demonstratives, and Adjectives. International Journal of American Linguistics 20: 1–7.

Watkins, L. J. 1980. A Grammar of Kiowa. Ph.D. Dissertation. University of Kansas.

はるかなるオクラホマ

ネイティブアメリカン・カイオワ族の物語りと生活

髙橋順一《たかはしじゅんいち》

著者略歴

1948年千葉県富津市生れ。
京都大学文学部卒・ニューヨーク市立大学大学院修了。人類学博士。
ブルックリン大学、文化女子大学講師等を経て、現在桜美林大学国際学部教授。
専門：社会文化人類学（北米インディアン文化のほか、日本の捕鯨文化、グローバル時代の国際教育、等を研究テーマとしている）。
主な著作：『ニューヨークのど真ん中でも通じる日本人のための英会話（共著、アルク）『鯨の日本文化誌』（淡交社）、『くじらの文化人類学』（海鳴社）、『人間科学研究法ハンドブック』（共著、ナカニシヤ出版）ほか。
趣味：写真、動物ウォッチング、ベースボール。

2002年 7月 5日　初版第1刷発行

発行所　株式会社　はる書房

〒101-0065東京都千代田区西神田1-3-14根木ビル
TEL・03-3293-8549　FAX・03-3293-8558
振替・00110-6-33327

組版／ワニプラン　印刷・製本／中央精版印刷
カバーデザイン・シナプス

ISBN4-89984-031-4 C0039